作者与陈照奎老师的合影

披身锤

裹鞭炮

金鸡独立

穿心肘

白猿献果用法之一

风扫梅花用法之一

青龙出水

搬拦肘用法之一

井缆直入用法之一

海底翻花用法之一

撇身锤用法之一

小擒打

# 陈式太极拳技击法

马虹 著

人民体育出版社

**图书在版编目（CIP）数据**

陈式太极拳技击法 / 马虹著. -北京：人民体育出版社，1997（2021.3.重印）
ISBN 978-7-5009-1325-2

Ⅰ.陈… Ⅱ.马… Ⅲ.太极拳，陈式 Ⅳ.G852.11

中国版本图书馆 CIP 数据核字（96）第07495号

\*

人民体育出版社出版发行
国铁印务有限公司印刷
新 华 书 店 经 销

\*

850×1168　32开本　9.5印张　220千字　插页：4
1997年1月第1版　2021年3月第18次印刷
印数：84,461—86,460册

\*

ISBN 978-7-5009-1325-2
定价：34.00元

---

社址：北京市东城区体育馆路8号（天坛公园东门）
电话：67151482（发行部）　邮编：100061
传真：67151483　　　　　邮购：67118491
网址：www.sportspublish.cn
（购买本社图书，如遇有缺损页可与邮购部联系）

# 内容提要

《陈式太极拳技击法》是作者继《陈氏太极拳体用全书》、《陈氏太极拳拳理阐微》问世以来的第三部专著。至此,作者对陈式太极拳的拳谱、拳理、拳法,进行了比较系统、比较全面的整理和阐发。《陈式太极拳技击法》一书,系作者根据当年其先师、陈式太极拳一代宗师陈照奎先生拆拳秘授此拳用法时的原始记录,整理出版的一部专门介绍传统套路(一路83式,二路71式)实战用法的著作。该书图文并茂,文笔流畅,非常细腻而生动地介绍了陈式太极拳一招一式、乃至每个动作的技击含义。此书的出版,对揭示传统太极拳的武术本质,恢复太极拳的武术风格,弘扬太极拳的技击功能,会起到相当重要的作用。

# 技击，是太极拳的灵魂
## ——代前言

技击，是武术的灵魂。传统的陈式太极拳也不例外。虽然太极拳的内涵极其丰富，有它独特的养生价值；但其精髓仍然在于它那阴阳相济的技击功能。太极拳，如果抽掉了它的技击含义，则失去了它的真。所以不讲技击的太极拳套路，不是完整的套路；不讲实战用法的太极拳传人，不是合格的传人。有些练拳或传拳数十年，而不清楚其技击含义，眼神不知所向，力点不知所在，那么他的拳永远难以打出太极拳应有的气势和神韵。同时，根据现实生活的需要，唯有那些养生价值与护身价值兼备的拳种，才是人们最欢迎的。所以，继承、研究和掌握太极拳的技击法，是有一定现实意义的。

陈式太极拳一代宗师，十八世传人陈照奎先生，所传的陈长兴家传的老架、低架、大架太极拳，熔健身性、技击性和艺术性于一炉，是当代最受人们喜爱的太极拳传统套路。他所传的陈式太极拳第一路（83式）、第二路（炮锤71式），两套拳154个拳式、602个动作，都有其鲜明的技击含义。一旦把拳拆开来，一个个单式，都是铿锵有力的散打技法；串起来，则如滔滔大河，是一套非常精美的套路。特别是他在教拳时，善于把中国古代传统哲学中的阴阳学说、《孙子兵法》等古代传统军事学中的作战原理，以及当代科学中人体力学的规律，融会于太极拳技击法则之中。而且把拳理、拳架、拳法三者的关系讲得非常辩证合理。他常说："你只有懂得了这套拳每个动作的用法，才能使你的拳架更加规范。因为套路中的一个个拳式，都是从实战经验中提炼出来，而编排成套路的。"所以，只有你掌握了它的技击内涵之后，才能越练兴趣越浓，越练功夫越深，越练道理越明,越练境界越高。

陈照奎老师教学,总是把拆拳讲用法放在整个教学过程的最后阶段。而且珍秘不轻易示人,他从未公开教过此拳之用法。他幽默地说:"这些东西不能公开教,否则警察要来抓我了,因为我是在教人打架。"同时,他又严肃地讲:"用法是太极拳的精髓,不懂用法,架子也是空的;当然,你没有扎实的拳架基础功夫,招法也用不上。"因此,他对传授用法既严肃又持重。总是强调学生要严格而扎实地练好拳架,每个动作都规范化之后才可言拆拳。而拆拳,又是择人而传。十年动乱患难期间,老师失业,我遭迫害,"靠边站"十年无工作,不幸中之幸者,我有缘跟随先师学习此技,并承蒙先师不弃,在反复严格学练拳架的基础上,又详细地口传身授了一路、二路(炮捶)各个拳式的用法。同时,在拆拳过程中我也亲身尝受了此技巧妙而厉害的滋味。可惜,我系"半路出家",功底浅薄,未能将先师所授精华全部继承到手。惟可幸者,当时发挥了我笔墨专长,做了详细的文字记录。现在这部《陈式太极拳技击法》,就是根据当年的记录整理而成。特请刘昊同志为此书绘制了五百多幅插图,使此书更臻完备。在先师逝世十二周年之际,特藉此书之问世以慰先师在天之灵;同时,将此书供给多年来追随、支持和关心我的学生、再传学生和《陈氏太极拳体用全书》(陈照奎讲授、马虹整理)的忠实读者们。

在继承、钻研和实践陈式太极拳技击法的过程中,我还想提出几点建议,供读者参考。

第一,仍要以《陈氏太极拳体用全书》为学习基础教材。因为它是陈照奎老师亲自传授的拳谱。《陈式太极拳技击法》这本书仅仅是它的补充,或谓"续集"。

第二,研究技击术,不能脱离拳架,更不能根据用法的灵活性而任意改变拳架的规范性,否则将舍本求末,失掉珍贵的传统套路及深邃的内涵。

第三,研究技击法,不可违背太极拳的原理。要特别注意太极拳的技击术与其他武术的区别。比如一般武术是把攻与防分别来讲，攻则踢、打、摔、拿；防则格挡、躲闪等等。而太极拳则往往是把攻与防、化与打、引与进包含在一个螺旋式的动作之中，从而化打结合，化中有打，打中有化，攻中有防，防中有攻，对立统一，阴阳相济。还有太极拳技法中的顺势借力、造势借力，从反面入手，劲走三节，打空打回，特别是它那顺逆缠丝、螺旋进击、松活弹抖等等都是该拳固有的独具特色的技击法，是我们应该认真继承的。当然，合理的借鉴吸收，取长补短，以不断充实与发展自己的战术，也是必要的。但必须以太极阴阳学说为其战略战术的理论基础，否则将会丧失此拳具有的独特风格。

第四，学习技击法，还必须与功力训练相结合。意念力的锻炼，应该重视，但是没有厚实的功力做基础，意念和技巧也是用不上的（请参阅拙著《陈氏太极拳拳理阐微》一书中《陈氏太极拳的技击训练与技巧》、《松活弹抖论》和《推手技巧及功力训练》诸篇）。

第五，我还想讲一个与上述内容对立而又统一、阴阳交济的观点。即钻研技击法的人不可忽视精神修炼的问题。太极拳不仅是健身术，不仅是技击术，它还是一种精神修炼术，它是一种文化。这是太极拳与某些武技的重大区别所在。它不仅可以用来锻炼人的体魄，而且锻炼人的心灵；它不仅给人以护身的本领，而且它还能锻炼人的情操，完善人们的精神世界。所以那些有文化素养的人，注重道德修养的人，善于从练拳过程中去悟做人的道理。法国一个来中国学太极拳的人就说："我们学太极拳是从中学习人生哲理。"企业家莫性才先生的《太极拳与企业管理》论文之所以博得好评，就是由于他不仅仅是练拳健身，而且把拳理与事业结合起来。还有一些人从练习太极拳中去探讨人体科学、医学、美学、军事学等等。所以我说太极拳不仅是一种体育方式，搏击方式，而且它是一种思维方式。它不仅可以改善人的体质，而且可以改变人的精神面貌。从而使自己的身心能更好地适应世界上的自然环境和人际环境，使自己锻炼成一个高尚而完美的人。某些人，也许是由于文化素质低的原因,总是把武术、太极拳仅仅着眼于它的技击功能,或以表演、推手、散打的比赛名次为其追求的唯一目标;或以为学了技击就可以盛气凌人,逞能斗狠,狂言狂手,甚至有人问他何谓武术,何谓太极拳?他即挥舞起拳头:"就是这个。"俨然一副"赳赳武夫"的神态。这显然有些不足了。中国传统文化中,自古以来都是讲求文武一道。提倡文武兼备。历数历史上的著名武将、军事家,大都是文化素质很高的人,道德修养很高的人。如孙子、岳飞、戚继光等等。古人云"有文事者必有武备",我们何尝不可再加一句:"有武事者必有文备。"正如陈鑫所言:"事虽属武,必学文人风雅。不然狂于外,而失于中。"因此,我奉劝亲爱的读者在刻苦钻研并努力实践太极拳的技击术的同时,万万不可忽视文化和武德的修养,重视自己的精神修炼。做到身心双修,文武兼粹,德艺并进,才是我们所追求的崇高目标。

为此,特将陈鑫公所著《陈氏太极拳图说》之《学拳须知》转载于卷首,供习此技者认真学习并严格遵守之。

最后,对于热心支持本书出版的好友和学生们致以衷心的谢意。由于时间和水平所限,书中难免有疏漏和差错,尚祈大家给予指正。

马 虹
1996年5月7日

# 学拳须知

## 陈 鑫

学太极拳不可不敬,不敬则外慢师友,内慢身体,心不敛束如何能学艺。

学太极拳不可狂,狂则生事,不但手不可狂,即言亦不可狂;外面形迹必带儒雅风气,不然狂于外,必失于中。

学太极拳不可满,满则招损,俗语云:天外还有天。能谦则虚心受教人,谁不乐告之;以善哉积众善以为善,善斯大矣。

学太极拳着着当细心揣摩,一着不揣摩则此势机致情理终于茫昧,即承上启下处尤当留心此处,此处不留心则来脉不真、转关亦不灵,动一着自为一着,不能自始至终一气贯通矣,不能一气贯通,则于太和元气终难问津。

学太极拳先学读书,书理明白,学拳自然容易。

学太极拳学阴阳开合而已,吾身中自有本然之阴阳开合,非教者所能增损也,复其本然教者即止(教者教以规矩,即大中至正之理)。

太极拳虽无大用处,然当今之世列强争雄,若无武艺,何以保存?惟取是书演而习之,于陆军步伐止齐之法,不无小补我国,人人演习,或遇交手仗,敌虽强盛其奈我何?是亦保存国体之一道也,有心者勿以刍荛之言弃之。

学太极拳不可借以为盗窃抢夺之资,奸情采花之用,如借以抢夺采花是天夺之魄,鬼神弗佑,而况人乎!天下谁能容之。

学太极拳不可凌厉欺压人,一凌厉欺压即犯众怒,罪之魁也。

——以上录自《陈氏太极拳图说》

# 关于技击图解的说明

一、本书技击图解，系《陈氏太极拳体用全书》各拳式技击含义部分的交手图解。省略了原书中拳式的动作说明和动作插图，故未掌握此拳拳架动作的读者，仍应以《陈氏太极拳体用全书》为依据，必须先学好拳架，再钻研其用法为宜。

二、陈氏太极拳拳式之技击含义，往往是一式多用，变化万千。所谓高手者，应该是灵活运用，"挨到何处何处击"。但作为文字表述和图解，则难以面面俱到。本书所演述者皆为最基本的实战用法，读者应善于潜心体悟，举一反三，结合功力训练，久久练习，必能达到"从心所欲，运用自如"的上乘境界。

三、本书各式图解的顺序，与《陈氏太极拳体用全书》中"动作说明"的顺序完全一致。

四、此书技击图，交手双方，凡着中式服装者为甲（我方），对手为乙。

五、此书技击图中，甲方所处方位，与《陈氏太极拳体用全书》中动作图的方位基本一致。但为让读者看清技法，有的技击图的动作方位有所调整。有些无图的过渡动作之用法，读者应从文字说明中细心领悟。

六、动作相同、用法相同的拳式，皆从略，不作重复描述。

七、此书有些技击图解，为突出表达其实战功效，其人物造型，动作高低，发放距离，偏前偏后，偏高偏低，与拳架动作略有差异，请读者注意，练拳行功时，仍严格以拳谱为依据，保持拳架的固有规范和传统风格。

八、此书文字解释部分,每式前边皆加一《总述》,是为了使读者对此式用法从整体上有个总的概念,然后再看各个动作的分解时,可以起到提纲挈领的作用。

# 目 录

## 上编

**陈式太极拳第一路技击法**

第一式　预备式 ……………………………………………（3）
第二式　金刚捣碓 …………………………………………（3）
第三式　懒扎衣 ……………………………………………（8）
第四式　六封四闭 …………………………………………（12）
第五式　单鞭 ………………………………………………（20）
第六式　第二金刚捣碓 ……………………………………（25）
第七式　白鹤亮翅 …………………………………………（27）
第八式　斜行 ………………………………………………（28）
第九式　初收 ………………………………………………（34）
第十式　前蹚拗步 …………………………………………（36）
第十一式　第二斜行 ………………………………………（39）
第十二式　再收 ……………………………………………（41）
第十三式　第二前蹚拗步 …………………………………（41）
第十四式　掩手肱锤 ………………………………………（41）
第十五式　十字手 …………………………………………（45）
第十六式　第三金刚捣碓 …………………………………（47）
第十七式　庇身锤（含背折靠）……………………………（50）
第十八式　青龙出水 ………………………………………（55）
第十九式　双推掌 …………………………………………（57）
第二十式　三换掌 …………………………………………（60）

1

第二十一式　肘底锤 …………………………… (62)

第二十二式　倒卷肱 …………………………… (64)

第二十三式　退步压肘 ………………………… (67)

第二十四式　中盘 ……………………………… (70)

第二十五式　白鹤亮翅 ………………………… (74)

第二十六式　斜行 ……………………………… (74)

第二十七式　闪通背 …………………………… (75)

第二十八式　掩手肱锤 ………………………… (81)

第二十九式　大六封四闭 ……………………… (82)

第三十式　单鞭 ………………………………… (86)

第三十一式　运手 ……………………………… (86)

第三十二式　高探马 …………………………… (90)

第三十三式　右擦脚 …………………………… (92)

第三十四式　左擦脚 …………………………… (95)

第三十五式　左蹬脚 …………………………… (97)

第三十六式　第三前蹚拗步 …………………… (99)

第三十七式　击地锤 …………………………… (99)

第三十八式　翻身二起脚 ……………………… (101)

第三十九式　护心锤（兽头式）……………… (104)

第四十式　旋风脚 ……………………………… (107)

第四十一式　右蹬脚 …………………………… (110)

第四十二式　海底翻花 ………………………… (111)

第四十三式　掩手肱锤 ………………………… (112)

第四十四式　小擒打 …………………………… (112)

第四十五式　抱头推山 ………………………… (115)

第四十六式　第二三换掌 ……………………… (119)

第四十七式　六封四闭 ………………………… (122)

第四十八式　单鞭 ……………………………… (122)

第四十九式　前招、后招 ……………………… (122)

| | |
|---|---|
| 第五十式　野马分鬃 | (125) |
| 第五十一式　大六封四闭 | (128) |
| 第五十二式　单鞭 | (130) |
| 第五十三式　双震脚 | (130) |
| 第五十四式　玉女穿梭 | (133) |
| 第五十五式　懒扎衣 | (135) |
| 第五十六式　六封四闭 | (135) |
| 第五十七式　单鞭 | (135) |
| 第五十八式　运手 | (135) |
| 第五十九式　双摆莲 | (136) |
| 第六十式　跌岔 | (138) |
| 第六十一式　左右金鸡独立 | (140) |
| 第六十二式　倒卷肱 | (143) |
| 第六十三式　退步压肘 | (143) |
| 第六十四式　中盘 | (143) |
| 第六十五式　白鹤亮翅 | (143) |
| 第六十六式　斜行 | (143) |
| 第六十七式　闪通背 | (143) |
| 第六十八式　掩手肱锤 | (143) |
| 第六十九式　六封四闭 | (143) |
| 第七十式　单鞭 | (143) |
| 第七十一式　运手 | (143) |
| 第七十二式　高探马 | (143) |
| 第七十三式　十字单摆莲 | (143) |
| 第七十四式　指裆锤 | (147) |
| 第七十五式　白猿献果 | (150) |
| 第七十六式　小六封四闭 | (152) |
| 第七十七式　单鞭 | (153) |
| 第七十八式　雀地龙 | (153) |

3

第七十九式　上步七星……………………………(155)
第八十式　退步跨虎………………………………(157)
第八十一式　转身双摆莲…………………………(159)
第八十二式　当头炮………………………………(161)
第八十三式　金刚捣碓……………………………(163)
　　　　关于收势…………………………………(163)

## 下编

**陈式太极拳第二路(炮锤)技击法**……………………(167)
第六式　搬拦肘……………………………………(168)
第七式　跃步护心拳………………………………(173)
第八式　跃步斜行…………………………………(175)
第九式　煞腰压肘拳………………………………(178)
第十式　井缆直入…………………………………(180)
第十一式　风扫梅花………………………………(183)
第十二式　金刚捣碓………………………………(185)
第十三式　庇身锤…………………………………(186)
第十四式　撇身锤…………………………………(186)
第十五式　斩手……………………………………(188)
第十六式　翻花舞袖………………………………(190)
第十七式　掩手肱锤………………………………(193)
第十八式　飞步拗鸾肘……………………………(194)
第十九式　运手(前三)……………………………(196)
第二十式　高探马…………………………………(197)
第二十一式　运手(后三)…………………………(199)
第二十二式　高探马………………………………(200)
第二十三式　连环炮(一)…………………………(200)
第二十四式　连环炮(二)…………………………(206)
第二十五式　连环炮(三)…………………………(206)

| 第二十六式 | 倒骑麟 | (206) |
|---|---|---|
| 第二十七式 | 白蛇吐信(一) | (208) |
| 第二十八式 | 白蛇吐信(二) | (209) |
| 第二十九式 | 白蛇吐信(三) | (210) |
| 第三十式 | 转身海底翻花 | (210) |
| 第三十一式 | 掩手肱锤 | (211) |
| 第三十二式 | 转身六合 | (212) |
| 第三十三式 | 左裹鞭炮(一) | (216) |
| 第三十四式 | 左裹鞭炮(二) | (217) |
| 第三十五式 | 右裹鞭炮(一) | (219) |
| 第三十六式 | 右裹鞭炮(二) | (221) |
| 第三十七式 | 兽头式 | (221) |
| 第三十八式 | 劈架子 | (223) |
| 第三十九式 | 翻花舞袖 | (226) |
| 第四十式 | 掩手肱锤 | (227) |
| 第四十一式 | 伏虎 | (227) |
| 第四十二式 | 抹眉红 | (229) |
| 第四十三式 | 右黄龙三搅水 | (231) |
| 第四十四式 | 左黄龙三搅水 | (236) |
| 第四十五式 | 左蹬脚 | (238) |
| 第四十六式 | 右蹬脚 | (240) |
| 第四十七式 | 海底翻花 | (241) |
| 第四十八式 | 掩手肱锤 | (241) |
| 第四十九式 | 扫蹚腿(转胫炮) | (241) |
| 第五十式 | 掩手肱锤 | (244) |
| 第五十一式 | 左冲 | (248) |
| 第五十二式 | 右冲 | (250) |
| 第五十三式 | 倒插 | (251) |
| 第五十四式 | 海底翻花 | (253) |

第五十五式　掩手肱锤…………………………………（254）
第五十六式　夺二肱（一）………………………………（254）
第五十七式　夺二肱（二）………………………………（257）
第五十八式　连珠炮………………………………………（259）
第五十九式　玉女穿梭……………………………………（260）
第六十式　回头当门炮……………………………………（261）
第六十一式　玉女穿梭……………………………………（262）
第六十二式　回头当门炮…………………………………（263）
第六十三式　撇身锤………………………………………（264）
第六十四式　拗鸾肘………………………………………（265）
第六十五式　顺鸾肘………………………………………（269）
第六十六式　穿心肘………………………………………（270）
第六十七式　窝里炮………………………………………（272）
第六十八式　井缆直入……………………………………（274）
第六十九式　风扫梅花……………………………………（275）
第七十式　金刚捣碓………………………………………（276）
第七十一式　收势…………………………………………（277）
编后记…………………………………………………………（278）

# 上 编

# 陈式太极拳第一路技击法

## 第一式 预备式

松静沉着应敌之姿,从容泰然备战之态。既有大将临阵之风度,又有严谨机警之神韵。

## 第二式 金刚捣碓

**总述**:此式取"金刚捣碓"之名,形容拳势之雄壮有力。金刚,系传说中诸神中力气最大者。最后,掌拳合击似捣碓之势。此式人称:"母式"。因为太极拳掤捋挤按采挒肘靠诸法,顺势借力、造势借力、避实击虚、声东击西、化打结合、引而后发、螺旋进化、整体运动等等陈式太极拳固有战略战术的特征,几乎都体现在此式之中。故读者对此式要细心体悟。因此,陈家沟有云:"太极拳会不会,就看金刚大捣碓。"

此式总的技击含义是:接应左前方之敌,敌以右拳(或掌)向我击来,我提双腕从敌右臂外侧接应。先掤后捋,敌挤靠,我再走大捋;敌退,我则顺势反拿、踢、撩发之。来,则顺势捋;去,则顺势发。陈老师称此法为"愿来就来,愿去就去;来之欢迎,去之欢送"。体现太极拳化打结合之妙。

**动作一**:

设敌从我左前方以右拳(掌)向我胸部击来,我以双手掤出接应。掤劲是一种螺旋式的弹性劲,它运行的特征是下塌外碾,松活而有韧性。双方搭手则细听来力,边听边进,边化边发。如果来力比我力小,我即掤劲加强,将它掤出,或顺势拿之(我右手反拿敌右手,左手管住其肘,合击之)。如来力甚猛,则走动作二,用挒法。这叫随屈就伸,急缓相应。(图1、2)

图1　　　　　　　　　　　图2

此动作做单式练习,可以练抖腰劲。即设敌人从我身后搂抱我,我以左右螺旋式抖动腰劲;同时双手上掤,肘坠、胯松、腰塌,将敌人搂抱之力抖开。此亦谓打前防后之法。此外,还可以在提腕坠肘时,练习以肘弯截击,或肘截手发(先拿后发)等技击法。

**动作二:**

敌来力凶猛,且进身较近,我即迅速将掤劲变为挒劲,向我身右侧偏后挒出。此称挒化之法。挒式尤其要走下塌外碾之劲。双掌先塌掌根,左手逆变顺,塌小鱼际变顺;右手顺变逆,塌大鱼际变逆。在意念中塌掌根要力达对方之脚跟,然后向外碾(即走螺旋式的下弧线)向右后侧发之。所以拳式中凡顺变逆,逆变顺都要先塌掌根,再走挒劲,有时走双手,有时前手走前臂里侧,走里合肘劲,后手向右略外拨开来力后引(或拿)之。(图3)

此动作如做单式练习,可走退步挒。要上下配合,反复练习。以腰带四肢,周身一家,方能有效。

**动作三:**

接动作二,若敌来势凶猛,且上身前倾贴近我身,我则上盘双手继续走大挒,下盘提左膝、提左脚,先用膝击其裆腹,再用左脚蹬其右腿、右膝,或插裆,或从其右腿外侧用套腿之法。此时定要注意裆走下弧,重心右移;提左腿时要注意膝里合。以便护己之裆,攻防兼备。(图4、5)

图3

此动作如做单式练习,可走上步挒法。即右脚震脚,左脚向前发蹬劲,上盘双手发挒劲。上下动作必须既对称(双手向右后挒,左脚向左前蹬)又协调一致。

**动作四:**

敌欲退,我变进。敌右膝被蹬,欲退步变招,我即乘势双手由挒变按,同时,我若系插裆,则可以迅速走肩靠,肘击(击胸、击肋、击其右臂反关节均可)。此时,右手可以反拿敌右手,左手管其肘部反关节,双手合力拿发。此时,如左右上下合力及时,前后左右发放

图4

图 5

图 6

皆宜。如我是左腿套在敌右腿外侧扣住,即可运用摔法。如敌人退得快,我可用跃步快速进攻。此动作特别要注意腰劲的运用。"进要腰攻"。(图6、7)

此动作做单式练习,可以走跃步挤、跃步靠等法。

**动作五：**

敌不得势继续后退,且退得很快,我即迅速采取"三盘并取"之法。即左手向敌面部眉眼之间发撩劲;同时,右手随身向敌下部发放撩劲或戳劲;同时,用右脚向敌小腿或膝部踢击。做到上、中、下

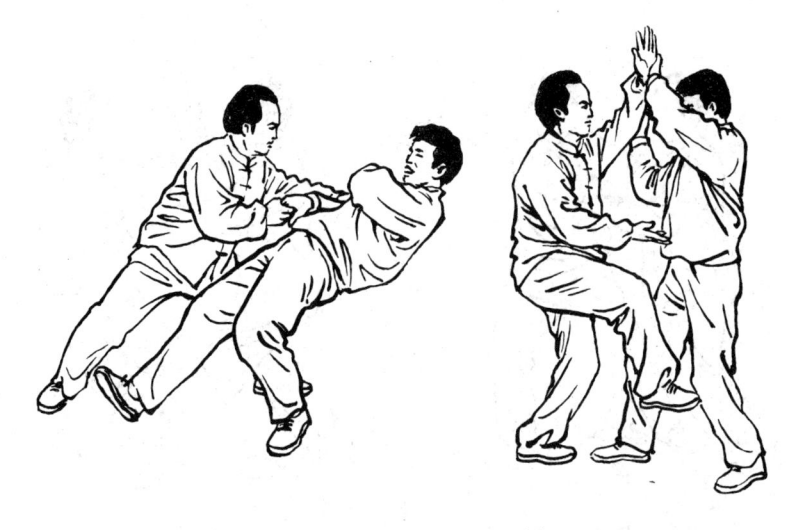

图 7　　　　　　　图 8

三盘同时并取。又叫上惊下取,下惊上取,使敌防不胜防。此时,必须注意左腿左脚之支撑力。因此时重心全部移在左腿,左右手及右脚三点同时发劲,左腿不稳定则难以取胜。(图 8)

此动作做单式练习,可以用沙包或树桩为假设目标,练习此种三盘并击之法。

**动作六:**

第一段之含义是趁敌人后撤之机,我双手合拿其右臂或左臂。拿右臂即我右手拿敌右手,左手管住敌右肘,合击之(图 9);拿左臂,则以右手上托其肘关节,左手下采其前臂,上下合击(图 10)。第二段之含义,即左右手走上下分捌劲,右拳击其胸部和下颌骨。同时以右肘点击其胸部。此谓"迎门肘"(图 11)。如走敌左臂外侧,则以右拳、右肘击其左肋。下部则提膝击其裆部、腹部(图 12)。第三段含义,即双手上下合击其左臂,右肘下采其反关节。此谓"横采肘"。下盘则用右脚踩跺敌脚。震脚更重要的含义是加大双手合击

之力,注意此时必须充分体现周身一家,气沉、劲整、身正之势。(图13)

图 9

图 10

学练此式时,还可以结合推手(顺步推手)反复练习掤、捋、挤(靠)、按等手法。从中细心体悟此式技击性的丰富内涵。

## 第三式 懒扎衣

**总述**:

此式名曰懒扎衣,取其定式外形,撩掖战袍备战之姿。又含大将临敌从容不迫之态。其技击含义,先是对付左前之敌,再迎击右侧之敌。对左侧之敌用掤、拿、捌击之法;对右侧之敌,则取

图 11

上引下进(击)之法、右引左进(击)之法,以及下扣上翻(摔)之法,

上下左右化打结合，使来敌攻防皆难。

图12 　　　　　图13

**动作一：**

（接金刚捣碓定式）左侧之敌双手将我双腕拿住，向我胸部击发。我先向右前掤引，使敌来力落空，并解脱敌双手之拿劲；然后我右手反拿其右手，左手管其右肘反关节，向左外上方掤化之。此谓"欲左先右"之战术。实战时，下盘可以配合用虚腿里插、外套、膝扣（击）、跪打等法。（图14、15）

**动作二：**

分捌法。右手逆缠向右外捌开，可以顺势用手或肘击打敌人的面部、颈部、胸部；左手下采，可以砍击敌右肋、右腰、右胯。同时可以上步插裆走摔法。此时敌人若提右脚进击，我则以左手下采搂开

图14

9

（或拿住）敌右腿，下采上挒，也是一种摔法。（图16）

图15　　　　　　图16

此动作单式练习，可走左右手斜向分挒发劲之法。注意腰为主宰，丹田带动的要领。

**动作三：**

接应右前来敌。敌上左步用双手抓我右臂外侧，施推按之劲。我用上引下进之法迎之。即右臂肘手顺缠下沉，走下弧，向左前引化来力（注意掤劲不丢）；同时，我轻轻（悄悄）提右腿向敌左腿外侧蹬出，或用插裆，或用蹬击敌之膝胯等关节，或蹬向敌左腿外侧，膝里扣，用套法，准备走上翻下扣之摔法。故称"上引下进"，或"上引下击"之术。"下进"，不只是进脚、进腿，而且尽可能进胯，进腰。进得多，便于走贴身靠摔之法。同时，当我右臂向左前引化敌双手之时，敌身若前倾，我左手则向右侧敌人的面部进击，这又叫"右引左击"。故打拳时，我双手运劲时，一定都要走圆弧，走圈，特别是左手万不可走直线，走近路，而失去左手走上弧击打敌人面部的机势。拳论云："无凹凸、无缺陷、无断续"，非常正确，此处应再加一"无直

线"。双臂交叉的含义是左手沉在右肘弯上,是为保护自己面部,并准备与下一动作手肩合力走靠劲。(图17、18)

此动作另一用法,是敌人用双掌或拳向我右肋猛击,我即乘势右臂肘下沉,用采劲截引对方来劲,使其落空。下进之法与第一种用法相同。

此动作做单式练习,可以上引下进,右引左进,上下对称发劲。四肢发劲时,仍要注意以腰为轴心,以丹田为枢纽。

图17　　　　　　　　图18

**动作四:**

靠法。设敌继续以右手拿我右腕,左手管我右肘反关节,欲把我推出。我即用臂引肩靠之法。此时(必要时)我右脚前移,进一步插裆贴身,用肩肘靠击敌人的胸部、腹部(图19)。若右脚在敌左腿外侧,则走上靠下扣外翻之摔法。

单式练法:右臂向左前引,右腿向右侧进,发对拉拔长劲(斜向),跨一步发一个靠劲。可左右反复练习。注意发靠劲时,一、重心稳定;二、肩胯相合。右肩必须与右胯上下配合,肩胯一齐到。

**动作五:**

捌劲。分，为捌。我用肩靠击，敌若后退，我则顺势左手拿敌左手，右手从敌左腋下走横捌劲。敌稍退时走右肘劲，再远走右小臂、右手之右捌劲。体现三节劲，节节贯串，节节打人。同时我右膝里扣，以下扣上翻之势，走摔法（图20）。如我右手仍以敌臂外缘走劲，则用左手反拿敌左手，右臂肘横捌敌左臂之反关节，或以右掌击打其面部、胸部、肋部。

**动作六：**

当敌后退稍远，我右手仍能接触其胸部时，则迅速走下塌外碾劲，向右侧发放之。此时，我胸腰左转，加大腰劲，重心移左，松胯塌腰，以加大右手发放之力。同时体现右发左塌之势。此动又曰"中定劲"，表现一式终结，调整呼吸和重心，以利再战。（图21）

图19

图20

# 第四式 六封四闭

**总述：**

接上式，仍系以对付右侧之敌为主。引而后发，再引（捋）再发。全式体现边引化边发放，先引化再发放，两者互为其根。化中含发，发中有化，化打相济。

**动作一：**

敌人从我右侧,双手抓我右臂施推按之劲,欲将我按瘪推出或推倒。我即乘势右臂下沉划弧随身左转,向左前下引进,使来力落

图 21

空。引进时,我还可以以右手反拿敌右腕,使之上身前倾。在引进时,可以同时进右肩发靠劲,此谓"边引边靠","左引右靠"之法。(图 22、23)

图 22

13

此动作另一含义是：敌人用右拳向我右肋击来，我乘势右臂肘下沉，采击敌右臂。

**动作二：**

体现"引进落空合即出"的一个合劲。当我右臂引敌来力落空之际，

图 23

我双手逆缠下沉（向左前侧下沉，此沉是为了欲上先下，欲右先左），双腕合住劲，准备用双肘、双手反击敌人。如上动作我用右手反拿敌人右腕下沉之后，我左手可以配合右手拿住敌人手腕准备边拿边发之。（图 24）

图 24

**动作三：**

接上动作，当敌人落空之际，我迅速双臂合力向前上挤击敌之胸部、头部；如此时敌双手按我双肘，正好我可收肘借力发放双手双腕击打对方之掤挤劲。若按上动作敌按推劲落空、身体前倾之

图 25

图 26

势,我还可乘势用双臂肘合击其头部、面部。(图 25、26)

若敌此时从对面双手将我拦腰抱住,欲将我摔倒在地,我即松肩坠肘,含胸塌腰,屈膝向左下松沉,然后用双手臂合力反击敌之胸部、咽喉部,这样既可以解脱敌环抱之围困,又可以将敌发倒。但此时一定要注意双手肘向右上发劲,左臀必须下沉,以体现右发左塌之势,保持重心稳定。(图 27、28)

图 27

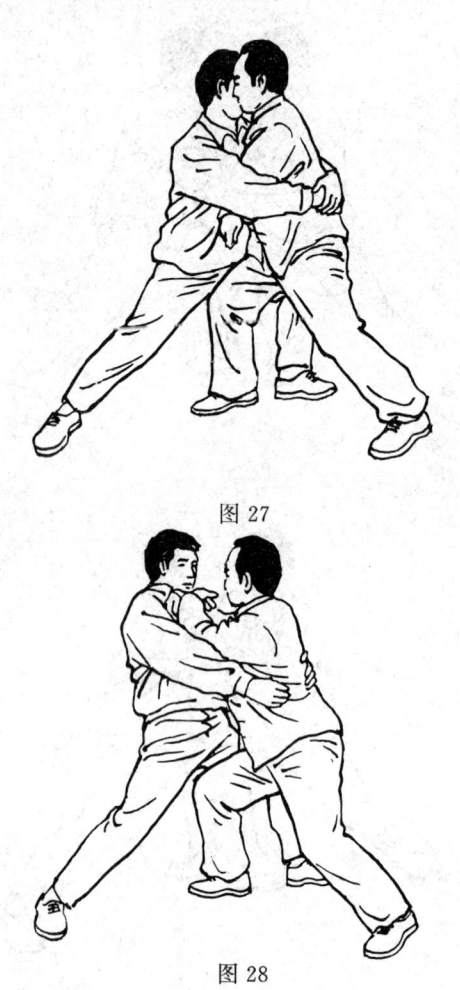

图 28

　　以上三个动作可以联合起来组成一个单式,进行练习。一引一发,一化一打,震脚发劲,反复练习,充分体现太极拳化打结合之优势。

　　**动作四：**

　　右侧之敌又用左拳(掌)击来,我即乘势向左前走挒式。左手刁拿其腕,右手管其肘,或用我右肘里侧管住敌肘外侧(这叫里合

16

肘），双手走下塌外碾之劲，向左前方将敌捋发出去。即顺手牵羊之法。此式一定注意既走下弧，又要向左前发劲，不可只向左引、以防敌人乘势用左手臂向我左后施搂（平声）摔法。为此，此时要注意走外圈离心力，腰、腹、胯、腿都要向外运掤劲。周身走离心式的掤劲。同时，还要注意双手向左前捋，右肩向右前靠，配合双手将敌人边捋边靠合力发出。（图29、30）

图29

图30

单式练习，可以练习发放下塌外碾之捋劲，震脚以加大双手的撮劲。可以左右练习。

**动作五：**

接上动作，在撮敌使其不得势时，敌变招抓我双肘弯，上左步插我裆内，欲用肩靠，或用手将我推倒。此时，我臂肘迅速一开一合（先开后合），以双肘弯紧紧合击敌双手（也是一种拿法），同时，我双手进入敌胸部，准备将他推出。（图31、32）

设另一种情况：敌被我撮失势欲退，我迅速乘势左手拿住敌左手腕，用右肘由外下沉再挑击敌人左肋部。此时，我还可以用左胸靠击其左肘反关节。（图31）

图31

图32

**动作六：**

敌退我进。双手快速先逆后顺，先下按（塌掌根）后外碾发放，向其胸部、腹部、胯部皆可发按劲。走按劲也要下塌外碾，先逆缠下按（推其根节），再变顺缠向前上外发放。双手又是走一个下弧线。注意施按劲时两臂不可丢失掤劲。同时，还要注意周身之劲走立体螺旋，当双手向右前施按劲时，胸腰却要左转，其目的是为了配合双手之按劲走右胯靠劲，手按胯打上下配合，发整体劲。因此，左脚收回时一定要走后弧线，也是为了配合发放右胯之靠击劲。这种手按胯打之术可作为单式练习。（图33、34）

图33

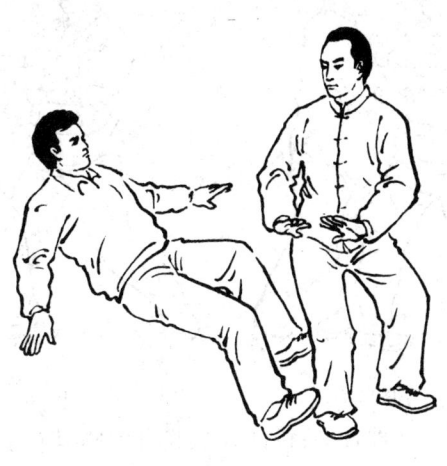

图34

## 第五式 单 鞭

**总述：**

此式系先对付右前方之敌，接着再应战左前方之敌。但以左臂肘手之引化与发放劲为主。与懒扎衣后半部动作相反相同（方位相反，劲力相同）。此式与懒扎衣式又谓左右对称之式。

**动作一：**

接上式，我按推敌人胸部时，敌双手按我双肘，我双肘沉合，双顺缠，借对方之来力，我双手一引（右手）、一进（左手），我左掌进击其咽喉、胸部、肋部；右手下沉引化敌来力。（图35、36）

此动作第二种含义：设敌以右掌或拳向我右肋击来，我即顺势身向右转，重心变左，同时右臂手顺缠外翻用采、捌劲外掤略下沉引化，使敌右拳或掌发劲失控，同时我左掌向敌右腰、肋间击去。借敌失控之势发之。

图 35　　　　　　　图 36

此动作第三种含义：设敌人从我右前侧以右手逆缠掌心向下抓住我右手腕，其左手顺缠、掌心斜向上抓住右肘关节，欲进步以双手用按劲将我推出，或欲反扭我右臂，使我成背势。我即乘势先外翻顺缠用采、挒劲使敌重心失控，乘势用左掌向敌右肋、腰等部击去。（图37）

图37

**动作二：**

接前例，我右手腕被敌右手拿住，敌欲将我右臂反扭，使我成背势。此时，我右掌顺势捏拢下沉，我左手乘势扣拿住敌人抓我右腕之手，我双手合力，边折拿敌右腕，边解脱右手，同时右肘外折，用肘尖击敌胸、肋部或腹部。右手捏拢既有利于解脱，又可以集拢手指戳击敌之胸腹部。此时，左手发挥与右手合力反拿作用之后，顺缠下沉至腹

图38

21

前。(图 38、39)

图 39

**动作三:**

设左侧之敌上右步用左手管我左手腕,右手管我左肘部,施用按劲欲将我推倒,我即乘势身向右转左臂上引,重心放在右腿,同时提左膝里合向外斜下向敌人右膝蹬出,将敌击伤或蹬倒。或左腿向左迈步套在敌右腿后,准备用摔法。(图 40)

图 40

**动作四：**

接前例二，我用左腿套在敌右腿之后，重心由右移到偏左，用左肩外靠配合左膝里扣劲，使敌后仰摔倒。（图41）

图41

**动作五：**

接前，在我用左脚将敌右腿套住后配合左肩靠里扣外翻之时，敌向右旋转欲引化或要退右步，我即乘势用左肘向敌胸部击去，再远则以臂手用挒劲外展向敌胸、头部击去。（图42、43）

图42

图 43

**动作六：**

最后，发左掌下塌外碾之劲，运到梢节。重心偏右与左臂肘手下沉（左重则左虚）上下相合。另外是左臂向左运化或发劲，要形成对称劲。所谓有左即有右，有右即有左方为对称。这是练习拳术运化、发劲、稳定自己平衡的关键，即中定。（图 44）

图 44

单鞭一式名称之含义在于象形。右手五指捏拢形成勾手，是当意注左手之时，以防右侧之敌乘虚抓手扭指。若对付正面之敌，此时,勾手腕背含有(配合左手)向左击敌头、肩、肋之意。

## 第六式　第二金刚捣碓

**总述**:

此式分两节,后节(动作二、三、四、五)与第一金刚捣碓(动作三、四、五、六)技击含义同。前节两个动作很重要。这两个动作虽然是一引一发,但它却充分体现了太极拳在技击术上的三大特征:一是"欲左先右,欲右先左"的声东击西的原则。二是体现出引中可发、发中含引、引发互根的独特技巧。三是体现发放劲之前,必须有一个下塌外碾的下弧劲。这种发劲技巧非常重要,读者可以在练推手、散打中细心体悟,切切不可忽视。

**动作一**:

敌人从我左侧出右掌(拳)进攻。我先接应顺势向右上外掤(含引,也含发)。如敌人失势欲后退,我迅速先下沉,档劲、腰劲、手劲都走一个下弧,即下塌之劲,然后向我身左侧发掤捯推放之劲。如敌人比我个子高,我双手掤时走上弧,可以过头,便于以左肘反击其右肋。当然,敌人个子不高,我即走中掤,不必过头。有人讥讽我的老师双手过头之图像打篮球状,其因是由于他不懂此拳的技击含义而已。陈老师云:"此系少见多怪。"(图45～48)

图45

此动作做单式练习非常有意义。练习这种欲左先右,欲右先左的折叠劲,可以使化打结合,蓄发结合,且可以迷惑敌人。同时一蓄一放还可以加大爆发力的威力。可以跳跃进退,震脚,练习发放这种来回劲。但一定注意走顺逆变化的螺旋劲,防止直来直去。

图 46

图 47

图 48

**动作三、四、五：**

同第一金刚捣碓技击含义相同，略。(图 49、50)

# 第七式 白鹤亮翅

**总述：**

此与懒扎衣动作相似，前四个动作基本相同。动作五、六与懒扎衣不同之

图 49

处在于懒扎衣系横向捯，此式系斜向捯。最后都走松沉下塌外碾之劲。

**动作一至动作四：**

与懒扎衣技击含义基本相同。略。

**动作五：**

27

图 50

敌人双手抓我右臂肘,欲用按劲将我推倒。我即乘势身向左转,右臂肘引进,同时进右步插裆,或套住敌左腿,同时左手上合至右肘弯上,用右肩靠敌胸腹等部。此称"迎门靠"。敌如后退,即可用右肘或掌击敌胸腹。左手上合的作用:一是保护自己,防止对方用挒劲击面部;二是右手引左手击,或是左手与肩靠肘击合力向敌击出,加大发劲力量。左手逆缠下沉的作用是:一是右肘向右上击时,左手下沉是攻上防下,可以走右挑左切之劲;二是手向左下沉展开是与右手的开展形成对称劲;三是我左手拿住敌左腕,右手插入腋下,走挒劲。左脚跟步是为了加大右胯的靠击力量。(图51)

## 第八式 斜 行

**总述:**

第一个斜行用法练习很重要。其重要性体现在动作一、二的绞法和动作四、五的拗步下采上击之法。某些派生的太极拳只继承了其拗步搂膝之动作,却忽略了前者。非常可惜。读者要注意,万万不可忽视动作一、二的含义。

图51　　　　　　　　图52

**动作一、二:**

是左右兼施、开合兼用、欲左先右、欲右先左、欲顺先逆、欲逆先顺的一种绞击法。其他武术项目中也有类似动作,如形意拳中叫"猫洗脸",螳螂拳中叫"螳螂手"等等。用手掌击打敌人的面部,往往是欲左先右,右手先打其左脸,当对方防护左脸时,左手速打其右脸,使他防不胜防。摔法也是如此,欲往右摔他,先向左绞,再向右摔,非常省力,因其中借用了对方的反弹力。此动作要反复进行单式练习。既练手法,又练身法,既练掌击,又练摔法。当右手扬起向左上打时,左手下沉,身向左转;当左手上翻向右上打时,右手下沉,身右转,而且都走顺逆螺旋劲,忽上忽下,忽左忽右,上下翻绞,使敌人迷失攻防方向。其绞击过程中,要注意手、肘、上臂和肩部三节劲的节节交替运用。如敌抓我双肘弯部,我还可以运用肘弯截劲绞击之。(图52～56)

图 53　　　　图 54

图 55

**动作三：**
　　是双手接应敌右手、走上引下进、上挒下蹬(套、插)之法。(图 57)
**动作四：**

敌双臂被绞住,或右臂被我拿住,我左腿已乘机套住敌在前之右腿,我左膝里扣,左手肘向左下沉(上下结合)外翻,用左手外翻、左膝里扣之法将敌人摔倒或发出。贴身则用左肩靠。敌如右转欲逃,我可用右肘或右手向敌胸肋部击出。敌如距离稍远,可用右手前推,配合左手搂、左腿扣将敌摔倒。敌右腿如被套住提腿换步身向右转欲变招,我即乘势进一步以右掌向敌胸、面、肋部出击,将敌击倒。(图58～61)

图56

图57

图 58

图 59

**动作五：**

　　敌身向右转下沉，同时左腿乘势向左侧外迈步，变成左实右虚，并乘机想用左肘向我身右侧进击。我即乘势身向右转，同时以右肘手向右外展开，用捯劲击敌头部右侧。敌如让开，我左手亦可乘机以向手腕背横劲击敌头右侧或身右侧。此动作还可以左手拿敌左手腕，右手击其反关节。（图62）

32

图 60

图 61　　　　　图 62

**动作六：**

　　为一式的终了，气沉丹田，肩胯、肘膝、手脚、上下左右、左上右下、右上左下相合，内外结合，这也是"中定"之意。但其中也含有右掌下塌外碾（外发）之劲。类似单鞭最后之动作。故有人称斜行之五、六动作为"右单鞭"。

　　此式做单式练习，可以侧重练习前部的绞劲，和动作四的左手搂、右掌击,或左手搂、右肘击之打法。

## 第九式 初 收

**总述:**

此式充分体现太极拳顺势借力、造势借力之巧用。开始设敌人双手抓(或推)我胸部,我略右转,是从胸部让敌人左手落空;略向左转,是让敌人右手落空,同时,我迅速用双手下沉里合上翻外开而掤开敌人双手,并乘势进击敌之胸部、头部,然后再顺势反拿敌双手肘臂,向上托发。如敌人避我上托之势而下沉,我又顺其下沉之势,变按,按其臂、按其肩、按其头,随机应变。同时,下边提膝击其裆腹部,如他低头,即击其头部,上下合击,使敌失败。

**动作一:**

设敌人上右步以双手掌向我胸前推击。我即乘势以双手臂开合的采、挒劲横击敌左右肘(横劲破直劲),敌双手臂的直劲被击截断。然后,我双手合住敌双肘托端发放之。(图63~65)

**动作二:**

敌乘势蹲身塌腰屈肘下沉,反抗我的上托力,这时我即乘势以双手搂敌头部或肩部,用双逆缠下采按敌头部,同时提左膝配合双手下按敌头部的采劲,用左膝向敌胸、面等部位撞,上下合击。此处还可运用"提膝截肘法"。(图66、67)

图63

此式做单式练习,一练横(捯)破直的开劲;二练上按下提膝的合击劲。

图 64

图 65

图 66

图 67

## 第十式　前蹚拗步

**总述：**

此式为敌退我进、沾连粘随劲的练习式。接上式，如当敌被下按处于背势时,他突然变招,以右拳掌向我腹部、裆部进击。我于是变右下捯之法。同时,继续提左膝击其肋部、腹部,敌不得势欲退,我紧紧跟随,他撤步,我插裆,他再撤,我再进。上肢紧紧相沾连,随其退而进,体现穷追猛击之势。而且手、肘、肩、胸、腰、胯、膝、脚,节节进逼出击。

**动作一:**

敌人趁我下按之势,出右拳击我腹部,我即乘势身右转,左臂随身右转向右外捯化,同时继续提左膝击其肋或右肘,如敌欲后退,我左腿随势外摆脚(含有踩敌下盘之意)落地变实,右脚跟离地变拗步为虚。同时左手由己身右前上掤敌臂手,并以右手从身右侧旋转随身左转,以挒劲横击敌身左侧。如离敌距离近即以右臂屈肘击敌左肘部。(图68~70)

图68    图69

**动作二:**

接上动作与敌贴近,即以左右手外掤敌左臂,乘势近身用右肘击敌左胸或左肋部。(图71)

图 70　　　　　　　　　图 71

**动作三：**

敌身左侧有被击危险,再后退,我即乘势提右腿向右前蹬、踩敌中下盘,或上右步插裆,或套其左腿外侧以右肩肘及右掌靠击、捌击敌胸、面等部。(图 72、73)

图 72　　　　　　　　　图 73

读者注意:动作二的双手横向掤挤之前,交叉手先向上走一个抖劲,也是一个接劲,胸腰折叠,然后再走掤、挤之劲。这叫欲横先竖,给敌人一个错觉,让他感到我劲向前上去,实际我准备走横挤、横捌之劲。声东击西,从而使他中盘空虚,便于我进击。这种动作变化可做单式练习。

## 第十一式　第二斜行

**总述:**

此式与第一斜行相同,但与上式连接的两个过渡动作也不可忽视。这是一种"欲左先右,欲右先左;左引右击,右引左击"的练习方法。

**动作一:**

敌上右步,以双手抓我右臂肘,要把我推出倒地。我即乘势身向左转,右臂肘悬走下弧引进。使敌劲落空。(图74、75)

图74

图 75

第二种含义是敌如在身前中线以左拳或掌向我胸部击来,我即乘势以左手由顺变逆外挪敌左臂,同时,以右臂肘用挒劲横击敌头部或身左侧,这是横破直劲。

**动作二:**

接上动作,敌推按劲落空,如欲后退,我即右脚外转落实,以右手外挒,抓敌右臂或腕,向右侧外捋采,并以左手管敌右肘臂,同时提左腿以脚踵蹬攻敌下盘,这也是一种上掤化、下进击的战法。(图76)

图 76

**动作三、四、五、六：**
同第一斜行。

## 第十二式 再 收

（同前）

## 第十三式 第二前蹚拗步

（同前）

## 第十四式 掩手肱锤

**总述：**
此式在陈式太极拳中是技击含义较丰富、用处较大、出现较多的一个拳式。一路拳中四个，二路拳中六个。读者要特别重视此式的运用方法。有的派生太极拳中的搬拦锤、撇身锤，其实都包含在此式之中。陈照奎老师所传掩手肱锤与他人传授的区别很大，练法多变，动作细腻，用法丰富，请读者仔细比较。

**动作一：**
包括三种用法：
设一：敌人上右步以双掌向我胸前击来，或抓推我双臂，意欲把我击伤或推出，我即乘势身略左转，双手外开，先把敌双手合力捌开。再向右转里合，右脚收，提膝，调整方位，变左脚向左前插敌裆或套在敌右腿外，双手里合上翻，再合劲下沉，用捌采劲击敌胸部，如敌抓我双臂，我屈肘可以两手臂圈绞截敌臂肘。双手上翻时，左掌由左外侧向敌身右侧头部横击，或圈截采封闭敌右肘手，使其劲断失控。右拳上翻可以击敌头部左侧太阳穴。或双手合击其头部。（图77～81）

图 77

图 78　　　　　　图 79

设二：敌如上左步，用双掌向我击来，我先用双开劲，掤开来手，然后身右转乘机右拳肘上翻绞截采。同时，提右膝击其裆部，然后震脚踩敌脚面，敌如后退，可重心变右，提左腿蹬敌下盘，配合双手上翻里合下沉挒采劲的绞截，上下合击使敌受伤或处于背势。

42

设三:发挥右拳向右外撇击之作用。如敌双手抓我左右手腕,

图80　　　图81

我斜向捯开,右拳先下沉再上翻,捯击敌左胸。此时,我右拳若能下沉插入敌右臂腋下,可以用右臂肘兜击对方右臂,左手配合将其右臂引直,右手用兜法更为有利。然后再走提手、提膝动作。

**动作二:**

图82

先后进行的开、合、开三个动作,有三个含义。如贴近敌身,我身先左转,用左肩靠,左肘顶击敌胸部或面部。右拳顺缠外翻是为了与左臂肘的挒劲配合,体现开中有合,同时配合左膝里扣,左臂、肩、肘、手的外开劲,可以用下扣上翻劲将敌击出或摔倒,这是第一个开劲。当我左肘与右拳施外开劲时,敌人抓住我右手腕推击我,我再肘拳相合,以下采肘解脱被拿之右腕。(图82)

此动作另一含义是我右手反拿敌右手,与我左肘合击之。故此合劲之后,为第二个开劲。

**动作三:**

双手逆缠外开将敌人双臂挒开,是为了动作四的合蓄势做准备。即欲合先开。(图83)

**动作四、五:**

如敌乘势含胸右转,退右步,欲逃走,我即蹉步调裆,由开变合,蓄势,以左前手掩护,右拳从左肘下逆缠向敌胸部击去。这叫出手不见手,出敌不意。此时如距离敌近,可用右肩靠,稍远可以右肘击,再远则用拳击。此谓太极拳的三节劲。(图84~86)

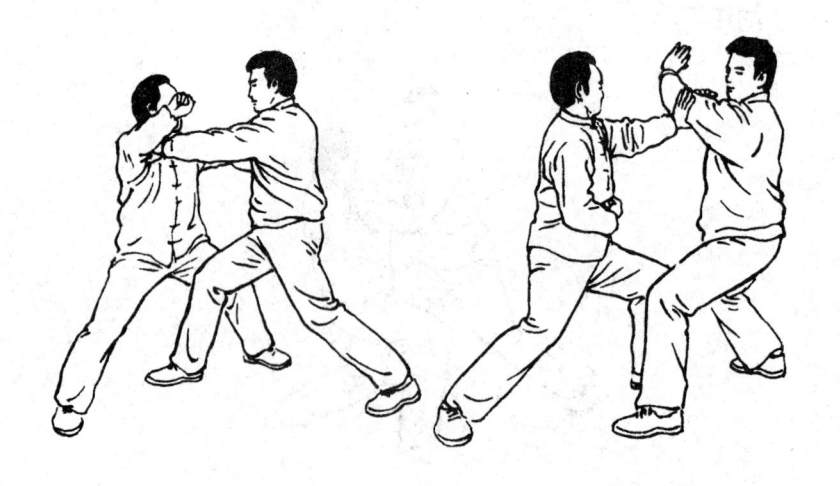

图83　　　　　　　　图84

图 85　　　　　　　　　图 86

此式单式练习,一、练上提双手(掌拳)合击上盘,下提膝击裆部,再震脚击根节。二、练习调步合裆蓄劲之合法。三、练习跃步震脚采肘劲。四、练习发弹抖式的拳击劲(注意肩、肘、拳三节劲的节节贯串的连发劲)。

## 第十五式　十　字　手

**总述**:

此式一开一合一转体三个劲,包含有掤、捯、肘、拿、靠、摔等多种技击法。

**动作一**:

含三种用意:

设一:接上式,双手向左下右上捯开,含有右肩靠击右后之敌;然后再对付前方之敌。

设二:敌人以右拳向我胸部击来,我即乘势以右掌逆缠向右外(偏上)掤捯 开;然后,我反拿敌右手腕,左手拿其肘部,左右手配合拧拿敌右臂肘,使敌处于背势。(图87～89)

45

图 87

设三：敌上右步，以右拳向我胸部击来，我乘势以左手下沉再向左外上翻掤敌右臂，乘其胸腹部空开，我即以右掌击之。

**动作二：**

是双手交叉拿、靠、摔之法。

接动作一设二之含义，我左右手合拿敌之右臂肘时，敌欲下坠后退，我乘势加紧拿劲，以左肘向我身右侧横击其右肘、右肋，同时配合身右转，右膝（脚）外开，上下合劲，将敌人向

图 88

我右前方摔出。发此劲时，一定要松肩、坠肘、塌掌根，重心下移，丹田带动走腰劲，运用整体劲，方能发得干脆利索。（图 90、91）

46

图 89

动作一、二,均可做单式练习发劲。前者发斜向分捌劲,后者练以拧腰带动四肢的整体劲。

图 90　　　　　　　　图 91

## 第十六式　第三金刚捣碓

**总述:**

此式与前两个金刚捣碓之区别,在于动作一、二。这两个动作

47

体现太极劲中,"仰之则弥高,俯之则弥深",以腰为支点的上托下采杠杆劲。可做两个单式练习,前者可以练习左下右上双肘发劲,或左下右上双掌发挒劲。后者,可以练习一手上托对方肘,一手下采对方手肘的分挒劲,如近身可练摔法。

**动作一:**

接十字手,设敌进右步用双掌向我胸部击来,欲想把我击伤摔倒。如距离近我即乘势由十字手变为用双肘横挒或斜挂分挒敌双臂里侧,如距离远即以双手横或斜分敌双臂,使来力落空。(图92)

图92

**动作二:**

设一:敌人用双手抓我双肘臂,欲将我推出,我即乘势身右转,右臂向右外侧下沉,使敌左手劲落空,同时左手逆缠上翻沉肘截敌右腕。敌右腕被截,左手劲落空,必致失势,我即乘势以右手臂,领右脚划弧再向前以手向敌胸腹击去。同时右脚向敌腹部或膝部踩、踢进击,同时左手向敌面部击打。这是上、中、下三盘同时向敌进攻之法。

设二:我以右脚在前,用双手抓住敌双臂肘,以左手上托里翻敌右肘,同时右手向右外下用采劲采敌左肘,敌被我左托右采失势后,我即可乘势以右手、右脚向敌人中下盘进击,进而配合左手向敌面部进击。这仍是上、中、下三盘同时进攻之法。此时,如我上左步插入敌裆内,左右臂一下一上,一托一采,即可施摔法。(图93~96)

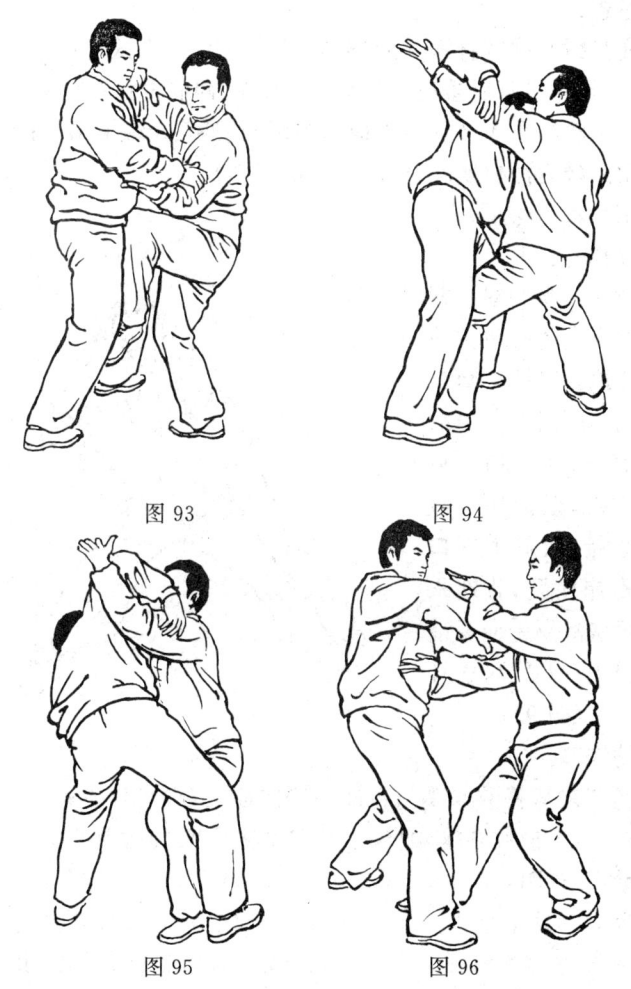

图93　　　图94

图95　　　图96

**动作三:**

与第一金刚捣碓第六动作同,与第二金刚捣碓第四动作同。略。

## 第十七式　庇身锤(含背折靠)

**总述：**

庇身锤又称披身锤。为"击前打后"之法。全式用法包含两种含义：一是对付身后搂抱我的敌人。旧称"神仙大脱衣"。二是对付从正面进攻的敌人(《陈氏太极拳体用全书》只介绍了第一种用法。其实第二种用法更实际，内涵更丰富多彩)。

第一种用法：

**动作一：**

敌人从身后双手臂将我拦腰抱住，欲将我摔倒在地。我即乘势沉肩、松胯，同时双手由顺变逆缠，以大指扣拿敌双手虎口，余指扣拿敌双手小指，敌双手虎口被拿疼痛松开，我即乘势继续拿敌双手向身前两侧分开，使敌双手环抱失效。(图97)

图 97

**动作二：**

我即乘势将敌双手由身前两侧向前上合，同时乘势右腿向右贴地蹬出，绊击敌右腿，配合上引合敌双手臂，使敌重心上翻。

**动作三、四：**

敌双手被拿合我身前上，右腿被绊住，我即乘势以腰、胯、腿、脚跟逆缠里合外崩弹之劲，将敌由我身后向我身右前摔出。(图98)

图 98

**动作五：**

如敌未被摔倒，乘势身下沉。我即乘势用右肘向敌肋部、腹部回击，再运用腕背点击，或用拳击。

**动作六：**

是继动作五之后，如敌仍下沉，我即乘势下沉以腰、胯、肩、背随身左转，右手（原虚握拳）拿敌右手逆翻向上再向右前上，配合左手拿敌左手逆缠下沉，配合右肩、背、胯逆缠上翻将敌由后挑起上翻，摔倒在我身前。

**动作七：**

图 99

若仍未能将身后之敌翻摔过来，即变招改用右肩、右背用靠击

51

之劲向后发之。或前或后均以敌力变化制宜。(图99)

第二种用法,即对付身前之敌:

**动作一、二:**

身前之敌按我双臂,我先向左右捌开双手,然后上翻里合,变十字手,含义为先以开劲解脱敌之按劲,再以合劲掤击敌之胸部。

**动作三:**

接上动作,在我一开一合之际,敌人若以左手拿我左腕,我则以右手扣拿住敌左手,双腕以右逆左顺之合绞劲,拿击敌之左手,同时以右肘横击敌之左臂反关节(图100)。一旦敌手解脱,我则顺势迅速以右肘、右拳击打敌之胸部、肋部。(图101)

图100　　　　　　图101

**动作四:**

当我双臂被敌人拿住,我双肘先向外掤捌(即臂开拳合之势),进一步加大敌人双手向里合拿之劲(图102);然后我迅速双臂向左上引(即肘合拳开之势)(图103)。此动作的要领是先开肘,后进肘(以右肘进击为主)。做单式练习即"开臂进肘法"。可以跃步发劲,可以震脚发劲。注意要做到手上升,腰下沉。

图 102　　　　　　　　　　图 103

**动作五：**

身右转螺旋下沉，即我右手采拿敌右(左)腕下沉，同时配合左肘的里合劲，以左臂管住敌右肘反关节，向我身右侧发放敌人。做单式练习即"左肘里合右肘下采法"。（图104）

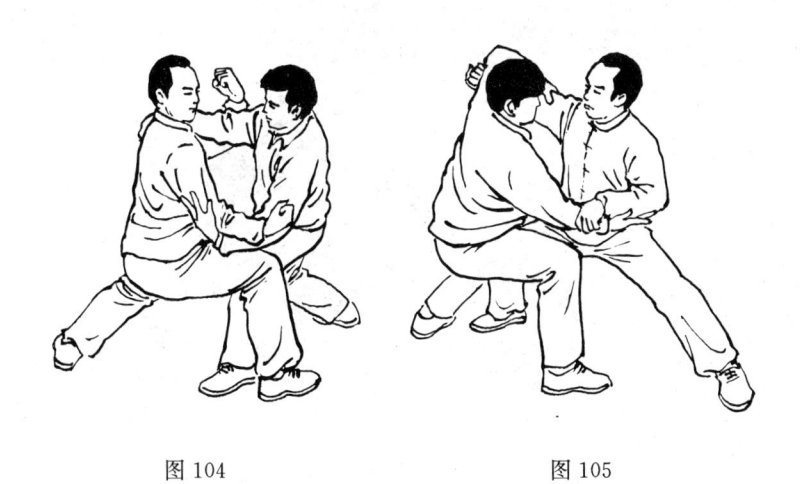

图 104　　　　　　　　　　图 105

53

**动作六：**

右臂上掤（逆）、再向左前走横截劲（顺），然后再走回劲（逆）。这一个动作的三种劲的运用非常之妙。接上动作，设敌人因我拿他右臂，身向我右侧前倾，失重，落空，我顺势用右臂（腕背）向我右上反击他的头左侧，或掤击他的左肩、左背均可（图105）。敌左肩若以下沉破我右臂的上掤劲，我右臂即再变顺缠从他腋下向左横击其左肋（图106）。若敌向我右侧（他左侧）抵抗我的横劲，我顺势再变逆缠右拳走回劲，向我左侧发放敌人（图107）。因敌变化，波三折，节节有招，可谓妙用。以上三个劲可以分作三个单式练习。

图 106

图 107

**动作七：**

敌人右手被我右手拿住,我力求使他右臂发直,趁势我以扣左脚,里合左肘、左膝,下边破其重心,上部用左肘击打他右臂反关节(即背折靠的姿势,但用法截然不同,充分体现一式多用之奇)。(图108)

图108

## 第十八式 青龙出水

**总述：**

此式顾名思义,可以知道主要是锻炼如龙似蛇的腰劲。共走三个劲,圈、撩、横,都是靠腰的旋转力,一引一进、一化一打、左撩右击,交替发放左右手(臂、肘)连环进攻之法。以腰为主宰,丹田带动,发劲松活弹抖。并且体现每做一个动作都为下一个动作做好准备,两个动作交替之间而且都有一个合劲,体现蓄而后发之势。

**动作一：**

设敌在我右前方,以右手拿我右手腕,左手下按我右肘,目的是使我右手臂逆翻关节发直被制,将我按倒或断我右肘。我即乘势身向右转螺旋下沉,同时右拳顺缠外翻后略下沉变逆缠向己身右后侧外掤出,将敌右臂引直,同时左拳由左腋下翻出,以拳背击敌面部。或拳由身左侧随身右转,以横捯劲击敌耳门、右臂肘,或身右侧(图104)。此式做单式练习,可以用左右拳交替打击敌人左右太阳穴部位。

55

**动作二：**

设敌上右步以左拳向我胸部击来，或以左臂肘手横击我面部，我即乘势向左转螺旋下沉，以避敌左拳击、斩之势，乘势以左手由上向下翻里折腕反拿敌左腕，同时右肩臂肘配合身左转之势，以肩臂肘拳使敌左臂肘受制，或以右拳向上横击敌人头部。（图109）

图109

**动作三：**

接上动作，我身左转以右肩臂肘掤敌左臂肘时，敌身向右转螺旋下沉，双手按我右臂肘，我即右臂肘先顺缠引进（下沉），身突然向右转螺旋下沉，此时右臂肘变顺缠快速下沉收回，同时左拳变掌逆缠向敌胸部及裆部抖弹，即左掌前撩。（图110）

图110

**动作四：**

接上动作，继左手弹击敌胸裆之势，敌失势后退，我迅速以右拳肘臂逆缠里合随身左转下沉由膝前中线向敌腹部横击，形成左右连击。击敌时视与敌距离远近,贴身用肘击敌左胸腹部,稍远用前臂外缘击,再远用拳击。敌如退步,可用进右步、跟左步击敌。(图111)

图111

练第四个动作时,双臂必须先有一个合劲,然后是爆发开劲(右肘横击,左肘后称,双开劲),即"逢开必合"。以上三个动作,都可以做单式练习。如上步左右拳圈击敌上部;蹉步或双脚腾空震脚发撩劲;还可以跃步、蹉步发右肘横击劲。可以左右前进后退,反复练习。

## 第十九式  双推掌

**总述**:

此式主要是对付右前方来敌。类似六封四闭,区别在于双手向左掤捋敌人左臂时,下边加右腿向左前方横扫,上下配合使敌人失重。然后再提膝插裆。合肘推发敌人。

**动作一、二**:

接青龙出水最后动作,敌人从右前方上左步先以右手拿我右腕，配合左手施推按劲。我乘机身略右转向上掤挤（欲左先右），类似六封四闭之前三个动作，然后左转下沉，我左手拿住敌人左手，右手及右肘翻滚到敌人左臂外侧，管住其肘，边沉边采，使敌人左臂僵直。然后身左转，随敌下沉之势，我变挒，向左前（原位的左前）挒出，右脚配合横扫其下盘，右手上托其肘，力争将敌向我左前摔出。（图112～114）

图112

图113

图 114

**动作三：**

接上动作，将敌左臂肘上托撅起，可借左转身之势提右脚蹬敌左胯、膝等部，使其向后仰翻摔倒，或提右腿进步贴近敌左胯外，同时右肘挑起配合身左转之势，以肘挑击敌左肋，并以右胯打击敌人。此动作，要注意有一个上开下合和上合下开之开合劲，即双臂开，右膝提起里合击其裆部。然后，右脚插进其裆部，我右胯尽可能贴近敌人胸腹部（腿插进越多越好，如同翘石头，木杠插进越多越省力），同时，两臂里合肘，用肘弯的合劲，截击敌抓我臂之双手（上合下开）。如我在敌人左外侧则以右肘击其右肋。我右胯打击敌人左胯。即贴身走肘击胯靠之法。（图 115、116）

**动作四：**

设接上动作，我贴进敌身时，敌人乘机撤步欲逃走，我即乘势双臂由逆变顺缠展开双肱，以双手击敌胸肋等部。以腰胯右靠与双手推按配合，将敌人放出。此时，左脚跟步，是为了配合向右前（原来位置的左前）整体发劲，也是立体螺旋击打劲。如动作三、四，我右腿在敌左胯外侧，配合双手按劲，我可以用摔法，将敌向我左前方摔出。（图 117）

59

图 115　　　　　　　　　图 116

图 117

## 第二十式　三换掌

**总述：**

此式走小身法。主要运用采拿和横捯、横直交错之劲,双手(肘)连环击打敌人之法。主要走手肘劲,同时也必须以腰腿劲相配合。读者要特别注意,双手变换之中有一个拿法和一个采肘劲,这是一般人容易忽略的地方。

**动作一:**

敌双手将我双肘合住,发按劲。我乘势略右转,双肘下沉里合,引化敌人的按劲,趁敌按劲落空之际,我迅速以左手穿掌,点击敌之胸部、咽喉部,右手收回。这也叫边引(右手)边进(左手),形成第一个采挒绞截劲。(图118)

图118

此时,如敌人以左手封或拿我进击之左手,我随即身略左转,左手逆缠下沉,我此时可以反拿敌之左手,边下沉边里合,使他左臂伸直。于是我右手变逆缠,先走采肘,击打敌左臂反关节,此法,可以使敌人下跪。同时,我可以借机双手合力抖发之。然后展开右臂出掌进击敌之面部、胸部。即近了用肩肘,远了用手,三节劲灵活运用。这也是用我的横圈绞破敌人的直劲。(图119)

**动作二:**

接上,如敌再封拿我发出的右手,我再反拿其右手走左肘击发(同上,左右相反,动作相同)。(图120)

图 119　　　　　　　　图 120

**动作三：**

(同上。略)

此式做单式练习,主要以练习双手、双肘交错发劲,并注意练习腰劲与手劲的配合与统一。

## 第二十一式　肘底锤

**总述：**

此式又称"叶底藏花"。利用两臂开合劲,在左右绞化之中,乘势以右拳击打敌胸肋部或左肘与右拳合击敌右臂反关节。即身先左转,再右转,再向前转左右合击。

此式虽然只一个动作,但手法可以分三段运用：

第一段：接三换掌,当我左掌击打敌人面部或胸部时,敌以左手抓我左腕,以右手管我左肘。我乘敌劲未发之前,左手先向左下沉,右掌击其左肘、左肩、左颈以及头部。或我右手插其左腋下,走挒劲。(图 121)

第二段：如敌左臂失势,扬起右手向我进击,我乘势右手再拿其右手,走下采劲,以左肘与右手合击其右臂反关节。(图122)

第三段：敌不得势若后撤,或上掤我左臂,我即乘势略向左转,左手托其左臂肘,以右拳击其右肋部或右腋下。(图123)

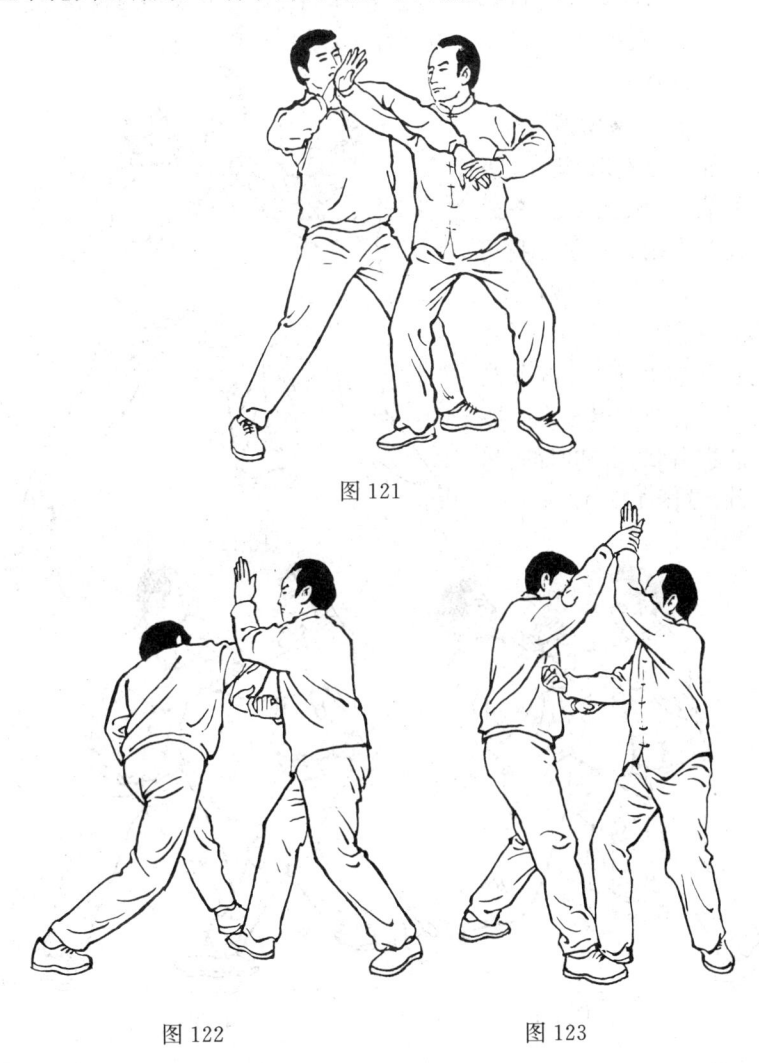

图121

图122　　　　　　　　图123

## 第二十二式　倒卷肱

**总述：**

此式系以退为进，退中有进，步退手击。对方来势凶猛，我先退让，以泻其劲，以观其变。避其锋芒，觅其空隙，乘虚进击。

**动作一：**

起动系解脱，然后退左步进右肘，进手。接肘底锤，敌人以左手抓住我上掤之左手。我左手先升后沉，先顺后逆，边沉左肘边退步，同时右肘前卷下采，击敌左肘反关节。退步之时展肱进右掌，击其面部、胸部。（图124、125）

图124

图125　　　　　图126

或敌踢我腿,或以枪刺我中盘,我左手下采向左外开,走捌劲,挂开来力,同时右肘、右手击其胸部。

以上动作一进行中,可以配合下盘前腿里合,用撤退之脚勾扣敌人之腿,形成上推下勾之摔法。(图126、127)

**动作二、三:**

两个动作,实质一开一合。

设一:敌人用右手(掌心对掌心)抓住我右手,向前下用力欲将我手指折断,或使我手关节被反拿绞截失势。我即身先向左(化去敌劲使其失控)开胸,先开后合,胸腰折叠,再向右转含胸塌腰,乘机用左肘关节向敌胸部击去,使其失势受伤。

设二:敌用右手抓我左肘弯里侧,同时配合左手向我胸部击来。我即乘势身向左转化去敌直劲,同时左臂肘、手向左后沉再向上翻,以逆、顺、逆缠之劲,以左肘弯绞截敌右手腕,同时右手以捌劲和采劲分截敌左手臂,敌双手臂被截采而分开失势,我即乘势以左手或左肘逆缠向敌胸、面部击去。(图128)

图127　　　　　　　　图128

动作二、三,在上盘开合的同时,配合下盘开合,可运用膝部的扣击作用。

65

**动作四：**
与动作一相反相同，故省略。
**动作五、六：**
与动作二、三相反相同，亦省略。
**动作七：**
与动作一相同，与动作四相反相同。（图129）

图129

倒卷肱双腿交替退步，含有前踢、后踩、里勾、横蹬之功用。左腿管左半边，右腿管右半边，关键在于虚实清楚。重心的虚实搞清楚了，即使是处于败退之势，也可以保持自身稳定平衡。

倒卷肱动作二、三虽然仅仅是一个身法上的开合，但其用法很重要，不可忽视。双臂肘的一开一合，可以运用双肘弯的截劲（实质上是一种肘拿法）。另外，如果敌人从身后抱我腰，我胸腰一开一合，同时我退步插裆，可以用双肘后击敌人胸肋部。故又称此式为"倒穿心肘"。此外，利用双臂大开大合走"神仙大脱衣"之法，可以把敌人摔到身前。所以，倒卷肱用法内涵丰富，读者要细心体悟。其中边退边击之法可做单式练习。

## 第二十三式　退步压肘

**总述：**

此式与倒卷肱之技击含义略同。不同之处在退步之时加一个螺旋式的采肘，即左肘边里裹边下采，而且紧接发一个左掌前击。一下一上环环紧扣，使敌人防不胜防。故此式又称"退步裹肘"。

**动作一：**

右臂先走一个开（掤）合（沉），这种练法很重要。此拳许多招式都是先走一个开合。如此动作：身向左转下沉，右臂逆缠外开变顺缠，有两个含义：一是向右外开的掤劲；二是欲合先开、欲顺先逆的身法运用，也是逆变顺缠，转关合劲，准备发爆发力的过渡阶段，这是发劲之前必经的前提。这种身法运用既可迷惑敌人，使敌人判断错误，造成失误，又可很好的为下面的合劲服务。这种"力"的作用，开始要起始于相反的方向，即从反面入手之术。在体育运动中的掷铁饼铅球，要想掷的距离远，那么开始时一定先向后坐甚至后退几步，再向前冲几步将其扔出去。这是欲前先后，其道理与上述"欲合先开""欲要先给"的道理相同。

设敌人与我对面站立，以双手抓住我双臂，双手用按劲（直劲）欲将我推出摔倒。我即乘敌劲未发之前，身先左转下沉，同时右臂向敌左外斜线展开，同时左臂向左后外下展开，将敌双手按劲斜线分开，使敌劲散失势，然后，右臂以横的捯劲向敌左肋部击去，同时配合左臂向外分引敌右手之劲，将敌击伤或横向摔出。如敌回撤，我双手再变一个相反的折叠劲，向敌右侧击打或摔出（即下列动作二之含义）。

**动作二：**

当我身左转下沉、以右手横捯劲击敌肋部时，敌含胸塌腰，身向右转下沉，右手松开我左臂，同时左手借含胸右转引化我右臂横击之势，按住我右臂外侧向我右方推或按出，并配合左手向我胸部按劲,欲将我推出摔倒在地。我即乘势用右臂肘将敌劲向左引进使其落空失势,然后身向右转,右臂手逆缠翻转(远了用手,近了用肘)向敌身右侧,或胸、肋、面部击去,同时左手由左外下里合以捯劲向敌右臂、肋部击去。(图130、131)

图130

图131

**动作三：**

设敌人用左手抓住我左腕,同时右手拿住我左肘部,左手顺缠外翻拧我手腕,配合右手里扣我左肘,欲将我左臂拿直,以制我反关节的背势,或欲断我左肘关节。我即乘敌左手拿我左腕之时,身先向左转,开胸,再向右转,沉肩坠肘里合右转勾腕截敌腕部,我以右手里合拿住敌右手,左肘外翻螺旋下采,双手肘合击敌右肘反关节。(图 132)

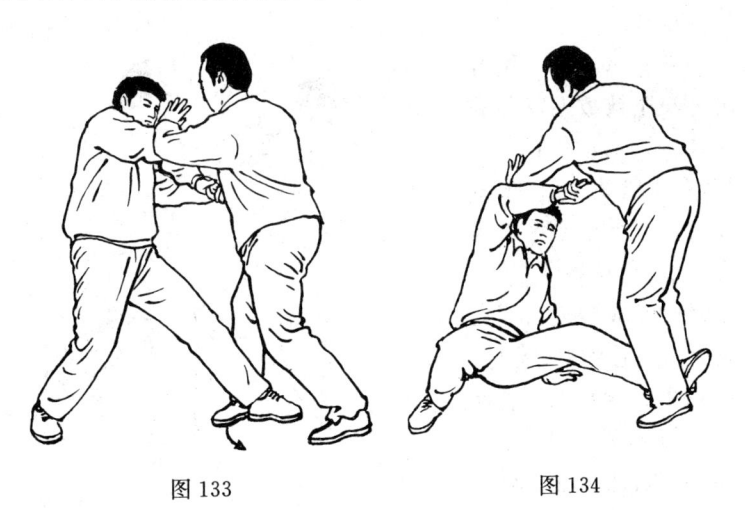

图 132

图 133   图 134

**动作四：**

接上动作,敌人右肘被拿失势下沉欲退,我迅速将左臂展开,出掌击打敌胸部。右手配合左手走捯劲,从腋下收至胸部。退步可以勾扫敌人下肢,可运用摔法。顿步是为加大左掌之力。(图133、134)

以上三、四动作联合使用,跃步震脚发劲,可以用左肘将敌右肘关节采断。练习中不可轻易使用。

## 第二十四式　中　盘

**总述：**

中盘一式是技击含义较丰富的式子。它主要是接应我前方之来敌。本着化打结合的原则,因敌变化而变换招式,先是左引右发,然后是前发后捯,再向左前上中盘发,随敌下沉,我再双手合力攻击下盘中线,敌防我合力进击,我再横向捯开。直破横,横破直,一开一合,一合一开,千变万化,此式用法甚多。充分体现"因敌变化示神奇"的精神。

**动作一：**

接退步压肘,我击出之左手被敌人以左手拿住,敌以左手拿我左腕,右手管我左肘,欲将我推击发出,或制拿我反关节。我乘势身左转,左臂肘顺敌推按劲下沉里合,引化来力;同时,我右手迅速外开,用腕背、手背,撩击敌人面部、颈部右侧,或右胸部(图135)。然后乘势抓

**图135**

住敌人右手,再走一个退步压肘之动作四,右手里合,反拿敌掤出之右手,左肘下采,或击其胸部,敌不得势欲退,我再发左掌前击。(图134)。

**动作二:**

接上动作,当我左肘击敌胸部时,敌含胸塌腰引化,我即乘势以右手抓敌右手腕,同时左肘下沉以左手臂管敌右肘关节,借势身向右转下沉变挒或采,将敌挒出摔倒。(图136)

**动作三:**

接上例,如我挒敌右手臂时,敌坐腰后撤欲退步变势。我即乘势身向左转螺旋上升,重心变左前,同时左臂肘略坠,前臂逆缠向前上翻转里勾腕,以手背或腕背向敌面部或胸部击去,同时右手逆、顺、逆缠,由右后经身右侧向前上敌头部击去。同时右膝提起向敌下部撞击,这样上盘、中盘同时向敌进攻击出。

读者注意,此处有一个更重要的用法,即乘我向右下方走大挒敌人右臂时,敌欲后退,我拿住敌搭在右肘弯上之左手,我右手管其左肘,双手合力拿其左肘反关节,向左上翻击,下边提右膝挑击其裆部,其威力更大。(图137)

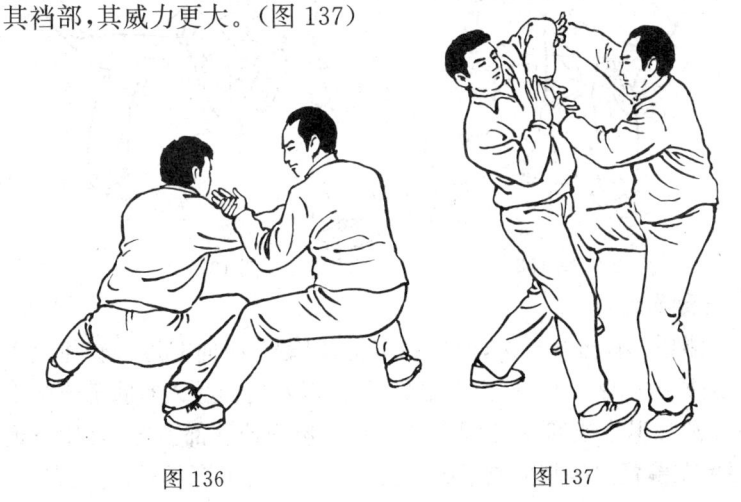

图136　　　　　图137

**动作四:**

接上例，我上盘、中盘同时向敌进击，敌如后退并以双手上掤封我双臂时，我即乘势双手腕交叉合住劲，以左顺右逆缠略向前下沉向敌胸部、腹部击去，同时右足下沉向敌脚面踩跺，使敌受伤倒地。这是由上盘、中盘的进攻变为向敌中盘及下盘同时进攻。此时如用动作三之第二种用法，可以向下走拿手采肘之法，用我右肘采击敌左肘，敌必下跪失势。（图138）

**动作五：**

接上例，设敌人此时解脱双手，上右步从我左侧以双手向我左臂或肋部击来。欲将我横推出去摔倒在地。我即乘势重心变右，身向右转螺旋下沉，双臂肘右引，使敌劲落空失势。同时提左膝逆缠里合以左脚跟向敌人右膝蹬去。这是上引下进之法。（图139）

图138　　　　图139

**动作六：**

接上例，当我右引，使敌劲落空，同时左腿向左迈步套住敌人右腿或插裆贴近敌身，先合蓄势再开，以左肩向敌人右肋部或胸击去。敌如退步或仰身，我即用左肘向敌胸腹或肋部击出。如距离远则用左腕背向敌胸部或下颌击去。右手向右下沉展开，含义有二：一是左上右下的分劲，是对称劲，为了维持身体平衡。二是乘势捯敌右手腕向右前下分采,使敌失势前俯或右斜,同时加强了左肩、肘、腕等关节向敌击出爆发的开劲。此时,我还可以用左胸(开胸)靠打敌人右臂反关节。此谓胸靠之法。(图140~142)

图140

图141

图142

此式的单式练习,主要锻炼以下四种单式练法:
一、左右交替一引一发。如动作一,左手逆引,右手顺撩。左右交替发劲。重心左右调整。

二、先挒后反击,肘、膝并用之法。如动作二、三合起来练,先右后下挒,紧接向左前发劲(两种发劲含义兼顾)。

三、先开后合进击法。双手臂先向两侧掤开,再突然一合,双掌合力向前下刺去击敌裆、腹部。

四、先合后开捌法。如动作五、六合起来练,先将两臂紧紧合住,突然斜向捌开(动作六),锻炼太极拳的松活弹抖的崩炸劲。

## 第二十五式　白鹤亮翅

此式用法同前白鹤亮翅一式相同。但读者要注意中盘与此式的连接动作(过渡动作)的技击含义。即收腿时,重心右移一下,右手要向右外加一个向上、向外的掤劲,然后再走下采劲(走下弧),重心左移,收右腿。此时,收腿的含义包括扣击对方插入我裆的腿,或提我右膝击对方下盘。同时,右手走一个开合劲,含有先掤后引进、再回击的用意。

## 第二十六式　斜　行

与前斜行同,略。
(图143)

图143

## 第二十七式　闪通背

**总述：**

闪通背一式，一般只知道其最后动作是一种摔法，但不清楚它还包括诸如磨盘肘、横捯肘、下采肘等多种肘法，摔掌、拍掌、穿掌、撩掌、劈掌等多种掌法，以及前扫、后扫等若干扫腿法。读者应从以下六个动作中细细品味。

**动作一：**

接斜行。设敌人右脚在前，用双掌向我胸部击来，我即乘势身向右转合裆。同时双手臂先掤化开来力，再将敌人双臂、肘、手合住封住，为下动作横击做准备。或敌人用双手抓住我双肘臂里侧，欲上步分我双臂用右肩靠我胸部，或推我双肘，欲使我后仰跌倒。我即乘势身

图144

向右转，双手臂向左右横向展开，再相合，使其直劲或靠劲发不出来而失势受制。（图144）

**动作二：**

接上动作，设我以双臂手于身右转之际合封住敌人双臂手，敌乘势下沉欲化我双臂肘横向右的合劲，并乘机进右步用双手肘向我胸、腹等部撞来，欲将我撞翻后仰。我即乘敌身下沉进步双肘手劲未发之前，身向左转，重心由左变偏右，同时左脚跟提起脚尖擦地向左右随身转退步，运用后扫腿法，同时左手管敌右臂，右臂管

敌左臂逆缠随身向左转,以右肘向敌胸或身左侧进击。左右肘同时向左旋转发劲,故称为"磨盘肘"。(图145、146)

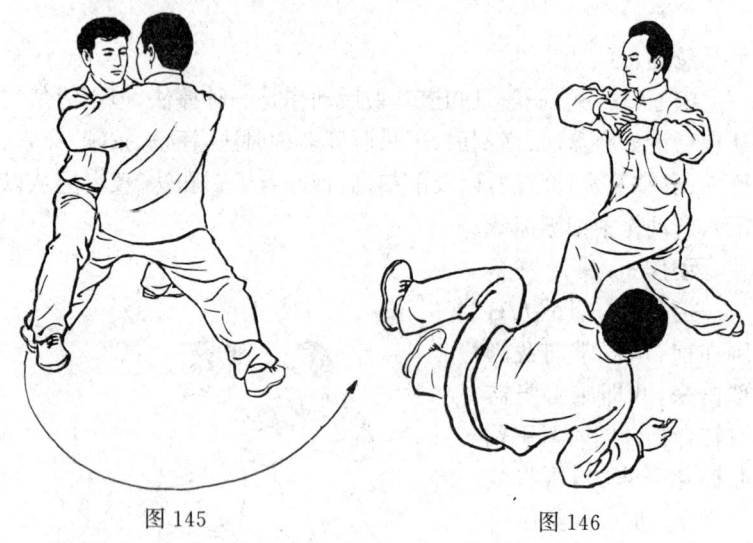

图145　　　　　　　　　图146

**动作三**：

接上动作,我以右肘向敌人身左侧或胸部击去,走左旋式的磨盘肘,敌如以双手按我双肘,以避我的肘击劲。我即身向右转45°下沉,含胸塌腰,沉肩坠肘,松胯屈膝,重心移偏左,双臂肘手借势以双顺缠快速合劲向前上抖发引化,使敌制我右肘的劲落空,同时可以双掌撩击敌面部。敌若避开我双手合劲,我再乘势身向左转45°,重心移右,双手臂再横向掤开,以右肘再向敌胸部进攻。敌如退步我即以右掌向敌胸部击去。

这动作练习时,一段的右转双臂手顺缠合劲也是为了二段的双手逆缠开劲而准备。所谓欲左先右,欲开先合,一开一合,随屈就伸,顺势借力。(图147、148)

**动作四**：

接上动作,当我右手肘向右掤化敌人按我之右臂肘时,敌人加大推按我右手肘的力量。我突然向右转身变招,右手反拿敌右手

图 147　　　　　　　　　　图 148

腕，向前下沉用采劲，使敌来力落空。同时，我乘右转之机，左手由左向上再向右前下击打敌面部或右肘反关节，使敌处于背势。（图149、150）

图 149　　　　　　　　　　图 150

**动作五：**

接上动作，当我身右转下沉，右臂下沉顺缠引进或反拿敌右手

77

腕使其落空,左手逆缠上翻由身左侧向敌面部击去。敌如抬左臂掤我左臂手,穿掌向我进攻。我即乘势左手略横以捋捌劲里合下沉捋捌敌左臂手,同时提左膝向敌下部撞击(远了进左步)。同时右手顺缠由腹前上经胸前向敌咽喉点击。右手穿掌与左膝击裆同时并进。(图151~153)

图151

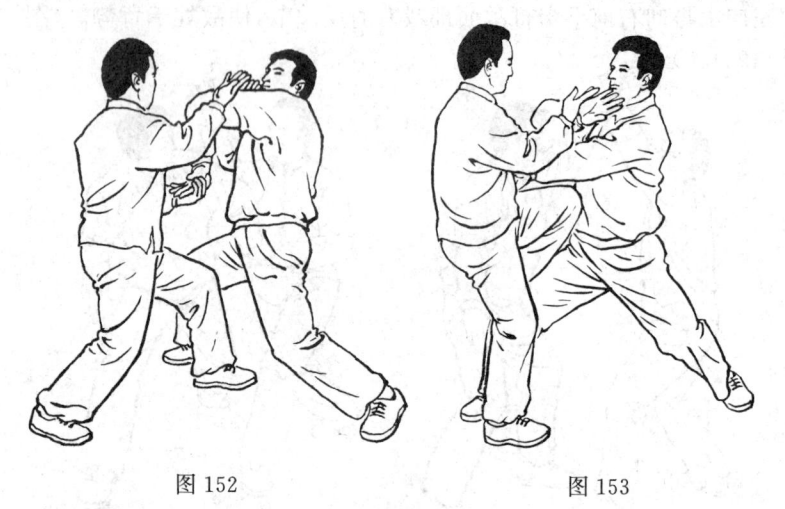

图152　　　　　图153

**动作六:**

此动作通用之技是摔法。接动作五,当我右手上刺击敌面部、咽喉部时,敌人再出右手接我右手,我右手上引来力,左手下沉插入敌右腋下(图154),或再下沉插入其裆内(图155),进腿贴胯、贴

肩向右后背摔敌人。左手上挑、肩扛，把敌人摔过来，再下采左肘击其背部或右肘反关节。（图156、157）

图154

图155

图156

图 157

第二种用法,是另一敌人欲从我背后搂腰施抱摔之法。我即乘势沉肩坠肘,含胸塌腰,松胯屈膝,身向右后旋 180°。同时以右手或肘向敌头部右侧击或劈去。左手臂肘以顺缠亦向敌身或背部或头部劈去,使敌倒地。(图 158、159)

图 158　　　　　　　　图 159

## 第二十八式　掩手肱锤

此式与前掩手肱锤之差别，仅在一个连接动作。接上式，我向背后翻转摔倒前面敌人之后，另一敌人上右步出右拳击我胸部，或用右脚向我下部进击，我则下沉，双手顺缠、里勾腕，向两侧采捯来力（敌人的拳或脚），使其来力落空。然后，我猛然腾空跃起，以上提左掌右拳合击

图160

图161

其头部，或双手腕交叉（绞合）进击其胸部。或以左掌为掩护，用右

81

拳从左腕臂之下偷击其胸部。此谓"化下击上"之法。跳跃时,还可以提右膝撞击其裆部,调整步法出左脚蹬踩其下盘,均可灵活运用(图160~162)。其他动作同前,略。

图162

## 第二十九式　大六封四闭

**总述：**

陈式太极拳六封四闭有三种练法,一曰六封四闭(如前),二曰大六封四闭(此式),三曰小六封四闭(第七十六式)。大六封四闭之区别于其他两种者,在于加上腿法。上捋下提膝,用膝。有云泰拳的技击特征,是用肘、用膝多。其实陈式太极拳用肘、用膝之法更多。诸如二十四肘、十六膝,都是非常厉害的技击法。

**动作一：**

接上式,我发掩手肱锤之后,敌人右脚在前,用右手拿住我右手腕,左手按或拿右肘,欲用左逆右顺缠旋转截拿,使我右臂关节旋转受制。我即乘势欲引先进右拳,先向前逆缠外掤,然后顺缠下沉引进,使敌落空失势。(图163、164)

图 163

图 164

**动作二：**

接上例，敌劲落空失势，我乘机左手逆缠抓住敌左手腕变顺缠，向左前外翻转敌左手腕。同时右手变逆缠配合左手向右前外压敌左腕臂，双手合拿敌腕臂，使敌左腕及臂外翻，关节受制，身向右歪斜，这时我右手配合左手的合劲向敌面部击去或用右肘向敌胸

部击去。或继续外翻敌左臂,同时右肘随身左转,由敌左肘臂外侧下沉,拿住敌左臂,再向左转截挂击敌左肘臂。(图 165)

图 165

**动作三:**

设敌人进左步,用左拳向我胸部击来。我即乘势身左转,重心先右后左,左腿顺缠外转,脚掌外开踏实,同时右手顺缠管住敌左肘部。左手逆缠刁住敌左腕向左外侧上掤,使敌左拳劲落空上浮失势。同时提右膝向敌裆部、左大腿或臀部撞击。(图 166)

图 166

**动作四:**

敌左臂被掤受制,欲退步逃跑。我乘势用右脚向敌左胯或膝蹬

去,使敌受伤摔倒在地。或进步插裆或套腿,用右肘尖向敌右肘部挑击。(图167)

图167

**动作五:**

技击含义与前第四式六封四闭之动作六相同(图168)。按拳式,此动作应为右脚插裆,如走胯靠,左脚应走后弧跟步,以助胯打之劲。

图168

## 第三十式 单 鞭

技击方法与第五式单鞭同,略。

## 第三十一式 运 手

**总述:**

运手一式含三种腿法(盖步、并步、插步),四个击打方位,前后左右,变化灵活,且含多种手法和肘法。左运手以对付左侧之来敌,右运手系对付右侧来敌;后运手是一种背步摔法。盖步是蹬击敌人前腿;插步(背步)是为摔法做准备;并步是后腿跟步,加强整体发劲的力量,几种练法在整套拳路中可以交替锻炼。

图169

**动作一:**

敌人从我身右侧,以左手拿我右肘,右手拿我右手,向我进攻。

我乘势身向左转下沉,重心偏左,以腰为主宰带动,右手肘臂快速向左前上领劲,引化来力(走上捋式),使敌劲落空失势。这时敌回劲欲稳定身体平衡,我乘势以右肘尖向右侧后敌面部、胸部击去,或贴身以右肩向敌胸部靠击,将敌靠出。同时我左脚变虚步并于右脚旁,可配合右膝里扣跪敌插我裆内之腿。这也是一种欲右先

左、欲左先右、左右连发之练法。（图169、170）

图 170

**动作二：**

设我刚刚将身右侧敌人击伤摔出，这时身左侧另一敌人进右步以双手用按劲向我左臂肘击来，欲将我推出摔倒在地。我即乘势身向右转，左臂肘手顺缠里合引进，使敌双手按劲落空，同时左腿逆缠里转提脚，以脚跟向敌右膝蹬去。或准备以后脚套敌右腿，可随时走摔法。此谓上引（或挒）下击之势。（图171）

图 171

**动作三：**

接上例，敌双手按劲落空失势，我利用左脚已插敌裆或套住敌右脚之有利形势，重心由右变左，贴身用左肩向敌胸部、腹部等击去，稍远用左肘击敌右肋部或胸、腹等部，再远用左掌向敌面部、胸部击去。如套住敌右腿则用上击下跪(里扣外翻)之劲击、摔敌人。同时右脚变虚步并于左脚旁以助左腿之劲力。此时，如我左手掤起敌右臂，我右手可以向敌腹肋用横切劲进击。(图172、173)

图172　　　　　　图173

动作三的另外一种技击法是后插步，即右脚虚步迈在左脚后，以脚尖点地。这种步法在摔跤里称为背步(即左右后插步)，为转身摔敌之法。

这种摔法省力，却效果大，主要靠腰部的螺旋力。例如：敌人与我成对面站立，右脚在前，双手向我腋下插来，欲将我抱起摔之。我即乘敌双臂刚插入我腋下，如敌右臂先到，且劲大，我则用左臂手顺缠下沉合劲圈绞敌右肘臂，同时身向右转下沉，重心偏左，右脚向左后插步(背步)快速向右后旋转绞敌右肘臂，使敌右臂肘、肩关节受制，或将敌右肘绞断，或使敌右臂肘受伤摔出跌倒在地；如敌左臂肘先到我右腋下肋部，我即身向左转下沉，重心变右，左脚向右脚后迈步（插、背步），配合右臂肘手顺缠下沉绞住敌左臂肘，使敌左肘断或受伤摔出跌倒在地。这就是左右插步（背步）的运用方法。这种摔法，可做单式反复练习。（图174、175）

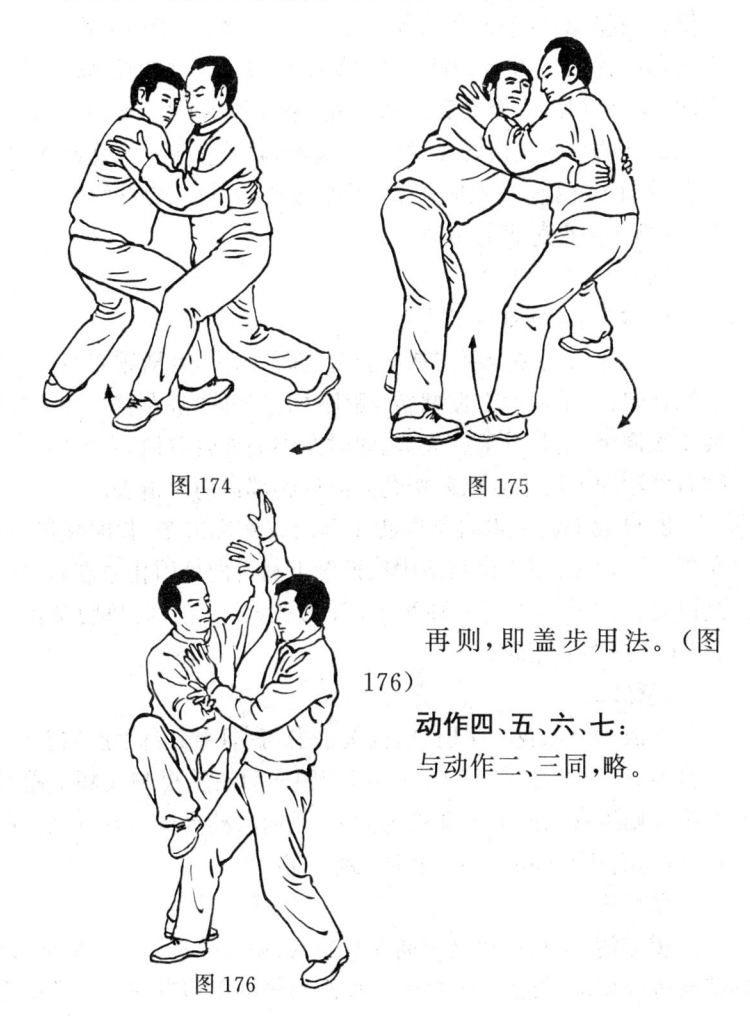

图174　　　　　　图175

再则，即盖步用法。（图176）

**动作四、五、六、七：**
与动作二、三同，略。

图176

## 第三十二式　高探马

**总述：**

高探马是一种上挒下扫的击法。如敌人抓我双臂肘，我先双肘弯里合，截断其双手抓我的劲，然后向左转腰，右手前上推，左手后下采，分而挒之。并且边挒边击（横肘击、掌击）。同时随腰左转，左脚向左后横扫敌人套在我左腿外缘之腿，上挒下扫，使敌摔出。这是高探马的总的技击含义。换一个情况，若我左手反拿住敌人进击之左手，右手管住其左肘关节，再走这种胸、腰左旋转的下扫上挒劲，也是一种很厉害的击法。

**动作一：**

接运手最后动作，用法有二：

1. 设敌人上左步用左拳向我胸、面部击来，我即乘势身向左转下沉，同时左手逆缠上挒翻转，掤化（向左外侧）敌左臂之劲或抓住敌左腕掤攞，使其劲落空失势。同时左脚尖外转着地，右脚跟步。同时右臂顺缠下沉里合以采挒劲向敌后腰部命门处击去。

2. 设敌上右步用右拳向我左耳门或胸部击来，我即乘势身向左转下沉，同时左手由腹前中线逆缠上翻再向外引化敌右臂，使其劲落空。同时右手肘臂顺缠下沉以采挒劲里合，向敌肋部击去。（与170图相反相同）

**动作二：**

设敌双手抓我右手肘，以推按进击，我即乘势右手肘向左前引化来力，同时右腿逆里转提起，以脚跟向敌右腿里侧或膝部蹬踩，近距离则用右膝向敌下部裆内撞击；或向敌裆内插步，占取有利形势；或将右腿套住敌左腿，准备用摔法击敌。

**动作三：**

接上例，如我右腿进步插入敌裆内，贴近敌身则用后肩向敌胸部或腹部靠击，将敌靠出摔倒。如距离稍远则用右肘尖向敌胸部、腹部击出，使敌受伤。如敌退步则用右掌心以挒劲向敌胸部或面部击去，以求克敌制胜。

如我右腿进步套住敌左腿，乘敌腿未撤步之前，近身用右后肩靠敌左胸部或肋部，或用右肘向外横击敌心窝，或肘尖及手向右侧下沉，配合右腿膝部里扣（敌左腿腕）及上面肘手下沉外翻之劲将敌仰面向右摔倒在地。（动作二、三，见第十式前蹚。70～72图）

**动作四：**

接上例，如我右腿将敌左腿套住，将要用里扣（膝）外翻（肩靠肘击敌上胸、肋等部）摔敌时，敌身左转下沉，欲提左腿撤步或退在我右腿外侧，同时以两手抓住我双臂肘弯处，欲将我推出摔倒在地，我即乘势运用身法，身向右转下沉，以横挒劲引化敌双臂，一开一合，迅速双肘上翻里合截敌手腕，使其劲断被截受制，并以肘击其肋部。同时两膝里扣，击其根节。（图177）

图177

**动作五：**

接上例，使敌手腕被截疼痛，动作失灵，身体向左前倾，这时我如还不想放过敌人，将身向左转，同时左手顺缠，收回至腹前中线变微逆缠合住劲，同时我右手肘臂逆缠向敌人面部击去。兼之左腿顺缠外转，以脚尖划外弧向左后扫，身左转退左脚既可加强右手击敌胸、面等部的开劲，同时又可以扫击敌人套在我左腿外侧之腿，以取得打击敌人的更大效果。（图178）

这种右上挒左下扫的击法，可做单式练习，左右可以交替锻炼。

图 178

## 第三十三式　右擦脚

**总述**：

右擦脚和左擦脚技击含义相同。其技击作用,也容易理解。即惊上取下之法。以上掤(引、惊)之手掩饰下盘进击之脚。但往往易被人忽视的是发踢劲之前的过渡动作的含义。读者要注意双手的上掤(拿法)和下盘跪膝之法的相互配合,上下相随,上下合力。

**动作一**：

接高探马,我右侧之敌出左步插入我裆内,并以右手抓我右腕,左手按我右肘向我发推按之劲。我即乘势身向左转螺旋下沉,重心变偏右,同时右臂手顺缠向左前外方引进,使敌双手按劲落空失势。

**动作二**：

接上例,敌双手按劲落空,我即乘势身右转下沉,重心变偏左,同时左手逆缠出手抓住敌左手腕顺缠外转拧其手腕,使敌身向右倾斜失势。同时我右手逆缠旋转收回,并以右肘(身左转)贴敌左肘上绕圈下沉,以右肘挂敌右腕肘部,使敌被动。

或我身向右转下沉,重心变偏左,同时左手逆缠出手抓住敌右手腕顺缠外转,使敌身向右倾斜失势,同时我右手逆缠收回并以右肘配合左手及肘部,以双逆缠向敌胸部或下颏用掤挤劲发出,使敌胸部或下颏被击受伤。

**动作三:**

接动作二,敌人在我右侧变招出左步,用左拳向我耳门或胸部击来。

我即乘势身向左转,重心变偏右,同时我左手勾腕刁住敌左手腕,以右手肘部封住敌左肘部顺势以左逆右顺缠向外侧略上擓出,使敌劲落空失势。

(以上动作一、二、三,可参考 22～29 图)

**动作四:**

接上例,敌人被擓,左拳击我之劲落空,欲含胸塌腰收势以维持身体平衡,再变其他手法进攻。

我即乘敌人含胸塌腰维持身体平衡之机,身继续略向左转,重心变右前,同时我右手臂略顺缠向前,略上托掤敌左臂肘,然后下沉里合,使其落空;同时我左手逆缠上翻向前上方的敌人面部击去,同时我左脚提起顺缠外转以脚跟向敌左膝、迎面骨踩击,这样上下同时击敌,致其败。(图179)

**动作五:**

接上例,设我左手及左脚同时向敌击去,敌如欲撤步后退,避我打击,再变其他手法攻我。

我即乘势将左脚落在右脚前方,扣步变实,腰裆下沉,同时左手合于敌左腕肘部,以双手逆缠掤敌左臂肘部,同时以右肘部向敌左臂肘击去,使敌左臂肘被击向我左外摔出。此时,如敌人插进我裆之腿未撤出时,我右膝可以跪击敌之膝部。(图180)

**动作六:**

接上例,敌如抽身撤左步同时将臂收回,欲避我右肘横击之

图 179　　　　　　图 180

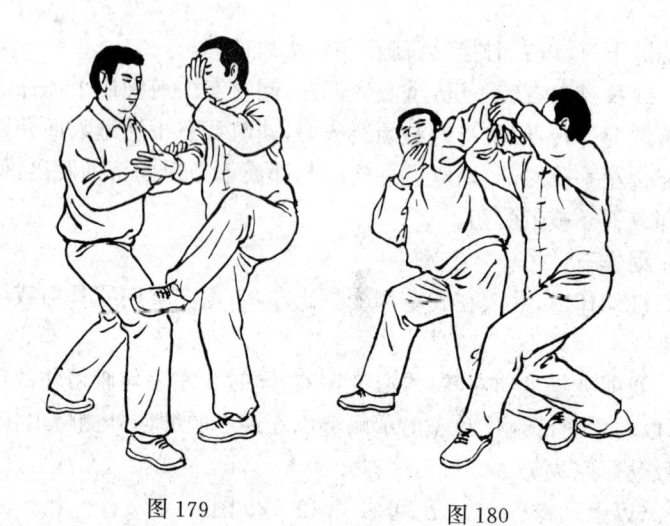

劲。我即乘势身继续略向左转,重心在左,同时右脚逆缠提起,近距离即用右膝向敌下部撞击,使敌受伤。如距离稍远则用右脚向敌胸部、腹部或裆内踢去,同时我双手逆缠由上向前后分开,以右手向敌面部扑击,左手分开维持身体平衡。使敌上盘及中下盘同时受击。此乃上下(手脚)相合的用法,也是惊上取下之击法。(图181)

图 181

## 第三十四式　左擦脚

**总述：**

此式与右擦脚用法基本相同，但要注意连接处有一个开合。右擦脚完结后双手逆缠，左转开胸，再向右前上方顺缠合。开的目的是再加大掤劲，以便借对方之反抗力，双手合力向他头部撩击。开是为了合，左转是为了右发。

**动作一：**

接前式动作六，设我右脚向敌人腹部踢去，敌人撤右脚后退一步，以避我右脚踢击之势。

我乘势微向左再向右转下沉，以右脚跟着地套住敌人左脚腕，同时双臂手先逆开变顺合，向敌头部撩击，或向敌胸肋合击。（图182、183）

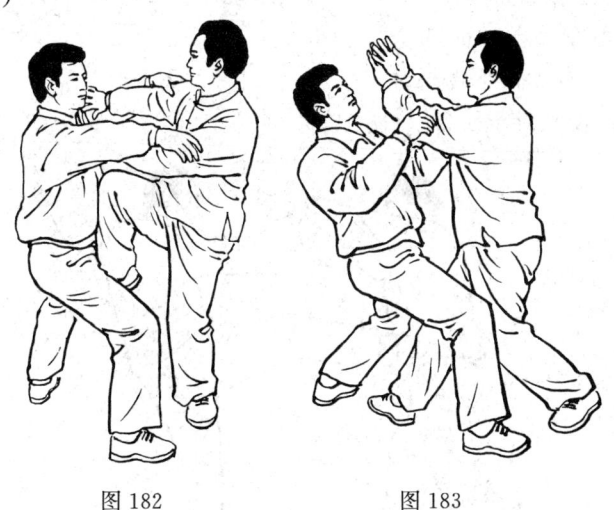

图182　　　　　　　　图183

**动作二：**

接上例，敌左脚腕被我套住，由于我双手开合相错使敌身右转后仰处于背势，我即乘势身向右转下沉，重心变右。同时我右腿逆缠里转以膝盖绞压敌左腿迎面骨,敌迎面骨被绞跪必至疼痛站立不稳,同时我左臂肘以横捯劲向敌右胸部击去。这样上下两盘同时进攻,使敌倒地;或用手按敌人右肘弯及胸部,配合下盘双腿的套及膝的绞跪下压使敌后仰失势。

**动作三:**

设我右脚套敌左腿脚腕时,敌提腿撤步,避我跪压之势,我即乘势重心变右,左腿逆缠里转,提膝向敌裆及腹部撞击,如距离稍远,则用左腿向敌裆内及腹部、胸部踢击。同时双臂手逆缠上掤左前右后分开,用左手向敌面部击去。这样上击下踢同时进攻,使敌难于防备。(图185)

图184

图185

## 第三十五式　左蹬脚

**总述：**

左蹬脚，又名左蹬一根。按文字含义，主要系以脚踵蹬击敌人。但读者须注意，此式决不单单是发蹬一脚的功能，它还包含引化、肩靠、肘击等攻击方法。

**动作一：**

接上式左擦脚之后，敌人抓我伸出之左手。我迅速以左手反拿敌左手腕，顺缠下沉，略左转，再右转，将其左臂引直，右手迅速沉肩坠肘向敌左肘之反关节猛推击，趁身体左转之势，以我左右手之分挒劲向我左前之敌发出。此动作类似高探马式中最后的动作，不同者，届时我左膝悬起，乘转体之势，用膝摆击敌人之裆、腹部，或以左脚踢击。（图186）

图186　　　　　图187

**动作二：**

当我用挒劲击倒身右前方敌人之后，我身左侧另一敌人向我左臂肘施按劲,我迅速身右转下沉,收回左臂手,引化来力,沉手于腹前,双手顺缠里合,蓄劲待发。同时,还可以借左转腰之劲,以左膝摆击左侧之敌。(图187)

**动作三:**

左侧敌人推按之力落空,我乘敌人身体前倾之机,迅速双手握拳,逆缠掤起,用左肘猛击其头部、胸部。如敌身体贴近我身还可以走左肩靠,左膝撞击。如敌人欲

图188

退,我立即双拳分开,以左拳击敌上盘,以左脚踵横蹬敌之膝部、肋部、腰部,上下合击,以挫败左侧之敌。右拳向右展开,是为了维持身体平衡。(图188、189)

图189

## 第三十六式　第三前蹚拗步

同前，略。

## 第三十七式　击地锤

**总述：**

击地锤的技击含义，在《陈氏太极拳体用全书》中，只讲了当左蹬脚将敌人蹬倒之后，乘敌失势未变招之前，我用右拳向摔倒之敌头部、耳门、胸部或背部猛击（下采式）。其实此式还包含多种用途。

**动作一、二：**

同前面前蹚拗步接第二斜行之动作和用法。

**动作三：**

敌人从我左侧进右拳击来，我顺势借力，用挒法，双手抓握敌人击来之臂，向右前上发挒劲，使敌人来力落空。（图190）

图190

**动作四：**

敌人变招，双手猛抓我双臂肘，我双拳利用绞捌劲，左拳逆缠，里折腕，外掤肘，提起，右拳插下，右肘向敌人胸部、腹部掤击；同时用右肘弯里侧夹截敌人抓我之手。左拳里下折腕，将敌人左臂掤起，正便于右拳、右肘向敌中盘进击。再近敌身，我右臂向右下采，左臂向左上挑，又是一种摔法。这种左右一上一下绞截劲，在推手中运用起来，也很有效。此动作可做单式练习发劲。（图191、192）

图 191

图 192

## 第三十八式　翻身二起脚

**总述：**

击地锤、翻身二起脚、护心拳、旋风脚四式，是对付前后左右四面之敌的技击组合。上式击地锤击倒前面之敌，身后又有敌人双掌击我后心，我迅速转身180°，以肩靠、肘击、拳捌，接应身后之敌。将身后之敌击倒之后，身左侧之敌进攻，我再走护心拳式。之后，旋风脚再对付身右侧之敌。对付四面八方、上下左右之敌，全面锻炼，此四式安排极为精妙。下面先对二起脚的技击含义作具体分析。

**动作一：**

接击地锤。我刚以拗步进身用右拳下击倒地之敌，这时另一个敌人从我后方进步用双掌向我后心用按劲，欲将我击伤或推倒(图193)。我即乘势身向右后转180°。同时右拳逆缠上提先挑肘向上击，再以臂肘拳横击身后敌之右臂，使敌直劲被截，身向左失势。同时左拳逆缠向左下沉变顺缠上翻以左肘里侧或拳横截敌身右侧。(图194)

图193

101

图 194

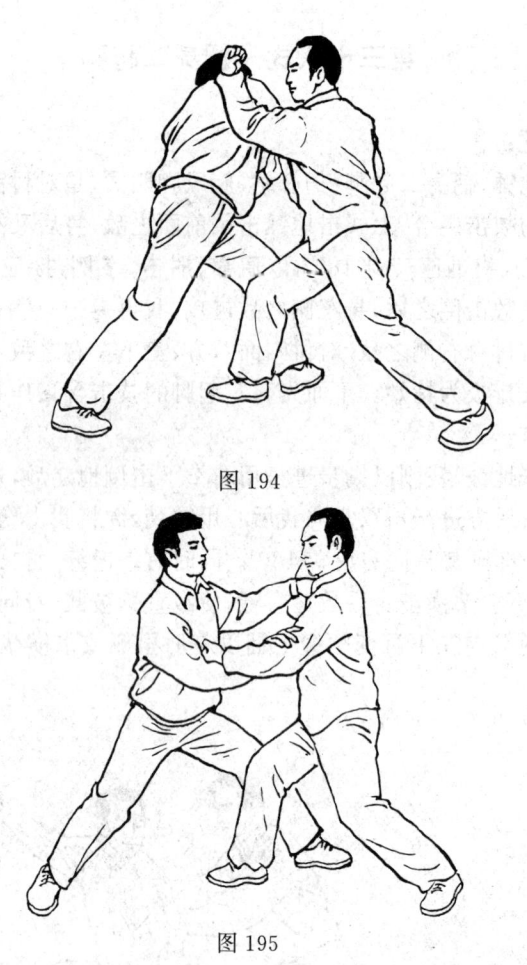

图 195

**动作二：**

我身右后转，敌右臂按劲被截之后，改抓我左手，或双手抓我两臂。我乘势略下沉，身向右转，开右胸，右拳向右后上升，左拳顺敌采劲向前中线下沉，引化敌左臂，同时我左拳向其腹部、裆部采击使其失重前倾，我上肢走双开，左下右上斜向挒劲。（图 195）

**动作三：**

设敌撤步坐腰,我即乘势变重心为右前,我左手再向前下变左后(即敌人的前下)引化和采击,乘敌前倾之际,我左脚乘机向敌裆、胸等部踢去,敌如坐腰欲避开,我右腿即乘势蹬地腾空跃起,向敌胸部或下颏踢去。(图196、197)

上述动作三,还有以下含义。

1. 左右手上扬,既可击打敌面部,也可以为腿脚做掩护,为惊上取下之术。

2. 左脚先踢,也可以是虚发,引化对方注意我左脚,实则我已迅速起右脚点击其胸部、肋部。此为左引右击之术。

图196

图197

3. 如敌走下势横扫我的下盘腿部，我双脚腾空，既避其扫蹚腿，又可乘势踢其上盘、中盘。这叫避下击上之法。

动作二之右后挑肘、捌肘，以及上惊下踢之法，都可以做单式锻炼。

## 第三十九式　护心锤（兽头式）

**总述：**

护心锤，又称兽头式、打虎式。此式为接二起脚之后，接应左前方之来敌。先以双手向右引化左侧敌人击我之右臂，当敌人落空，我顺势再打回劲，反击左侧之敌。敌抓我双臂，我先掤后合，再走左右里合肘的绞击法。

**动作一：**

接上式，设我以二起脚将面前敌人踢倒在地，这时另一敌人由我身左侧用双手施按劲向我身左侧击来，欲将我击伤或推倒。我即乘势身下沉，双手上掤接应来力，走上捋式，使敌双手推按之力落空失势。同时，我提左脚向敌人下盘蹬去。或蹬击、或套腿、或插裆，为下一动作做准备。这叫上引下进、上引下击之法。（图198）

图198

**动作二：**

我身左侧敌人双手按劲被我双臂手掤捋引化落空失势。当敌人失势回撤之时,我乘机迅速随其回劲(借其回劲)双手击他胸、肋部。这叫速打回劲。右脚跟步是为形成向左击敌人的整体力。以击身左侧之敌。此动作与上动作联合起来运用,也是一种欲左先右、欲右先左的折叠劲。(参考图172)

**动作三:**

敌人调整重心稳定之后,又以双手抓我两臂肘弯,欲用力将我推出。我乘势先以外掤劲,走捌劲,将敌人进攻之直劲化开(也是再想多借用一点敌人的推按劲),然后猛然由外开肘,变里合肘,以右肘向敌人胸部击去(类似庇身锤动作四之用法)。同时,我右腿向右外敌膝部蹬击,形成一个上击其胸、下蹬其膝的摔法。或我右腿插入敌人裆部,为下一动作做准备。(图199)

图199　　　　　　　　图200

**动作四、五:**

连起来做,是一种双臂绞截之法。其中包含两种打法。

1. 如我双臂仍在敌人双臂内部,即采取我右臂向右下掤化敌左臂,进我左臂肘击打敌人胸部,然后敌人以右手防我左肘,我左肘向左下走采捌劲,进我右肘击敌胸部、头部。(图200、201)

2.如我双手在敌人双臂外环,敌人先以右拳击来,我双手先制敌右臂反关节,向右下采捌,以我左肘击其右肘反关节。如敌再以左拳击来,我再以双手拿他左臂反关节以我右肘击之。此谓双臂绞截之法。根据身法之高低,击打敌的部位可以随机应变,击其肘、击其胸、击其头部均可。最后,双拳合劲(右拳走上弧向前下,左拳走下弧向里上),是一种双手合绞法。(图202、203)

图201

作为单式练习,此式中包括:左擓右蹬、右擓左蹬、引臂(直)进肘、左右肘练习绞劲,其中又包括立肘绞击法、横肘绞击法。

图202

图203

## 第四十式　旋风脚

**总述：**

旋风脚，是一种摔法。陈式太极拳技击法中有多种摔法。其中最通用的四种，一是手外捯，脚里合，上下形成一种剪刀劲，把对方摔倒；另一种是手里合，脚外摆，上下形成一种绞劲，将对方摔倒；第三种是左手外捯，右脚外摆，上下形成一种剪刀劲，将敌人摔出；第四种是手脚都向一个方向摔。或前扫、或后扫。第一种如此式。第二种如双摆莲（其中左手外捯，右手里合）。第三种如十字摆莲。第四种如双推掌、闪通背以及二路拳中的扫蹚腿等等。前两种，陈家沟人俗称"小鬼推磨"，含义为如同农村磨米面用的石磨，上下两扇，一个正转，一个反转（或原地不动），上下形成一种反向绞磨劲，有些拳式（如此式）外摆或里合之腿提得较高，其实在运用中，可高可低，甚至脚不离地，运用里勾（或外开）与手臂配合，也可以发挥这种摔法的功能。原来陈氏家传的推手（或叫搋手、打手）一向都是手脚并用，谓之"上下相随人难近"。不过只是不准用脚蹬踢就是了。

**动作一：**

敌人从前面进右步，用右拳向我胸部击来。我即乘势身微左转，再向右转，下沉，以右手接他右手腕，以左手管他右肘关节，先向左侧接应，再向右侧走捋劲，将敌捋出。（图198）

**动作二：**

敌人被捋，他又顺我的劲身向左转下沉，化去我的劲。同时以左掌向我胸部击来。我乘势，以左手接其左手，右手即变管他左肘，右腿逆缠提膝，以右膝向敌人左膝、胯或裆内撞击。当我左手抓敌左腕外侧向左外上捋时，使敌左肋部出现空当，此时我右手也可以向敌左肋部横击。手脚同时向敌进攻。（图204）

**动作三：**

设敌见我右手及右膝同时进攻,急退左步,同时翻身左转,欲避开我右手及右膝的进攻。

我即乘势身略向右转下沉,右腿顺缠外转以右脚踵向敌裆内或右膝踩击。同时左手由左侧逆变顺缠向敌右耳门击去。右手顺缠在前上领住劲,向敌面部点击。使敌上下盘都受到打击。(即上盘双手瞬间一开一合,下盘蹬出右脚之势。类似图179,只是左右脚相反)

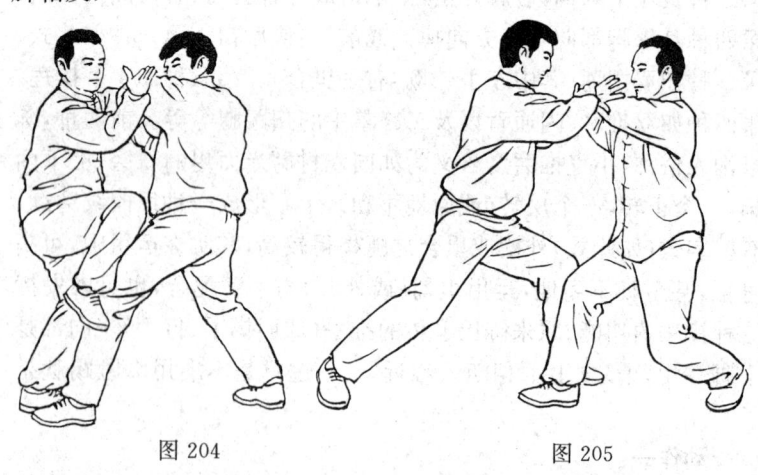

图204　　　　　　　　　　图205

**动作四：**

设敌人见我上下盘同时进攻,略退右脚,含胸塌腰下沉,避开我手脚上下进攻之势,并乘机以右拳向我左耳门击来,欲将我击伤。我即乘势身右转下沉,重心变前,使敌劲落空,同时右手由顺变逆缠管住敌右腕或右肘外侧,左手逆缠管住敌右肩或右肘外侧加外掤劲,同时我左肘向敌右肘或肋、肩部击去,使敌向我身右后摔出。这是我贴进敌身右侧的进攻。(图205、206)

**动作五：**

设我以拗步贴近敌身右侧,以左肘向敌右肋、肘部或右肩进攻时,敌左脚横跨一步,与我距离稍远,化去我左肘进击之劲。

图 206

我即乘势身向右转略上升,左腿逆缠里合提起,以左脚向敌右肋或后心踢去,同时双手逆缠分向两旁展开,左手以横挒劲向敌面部、咽喉击去,或向其胸部横击。(图207、208)

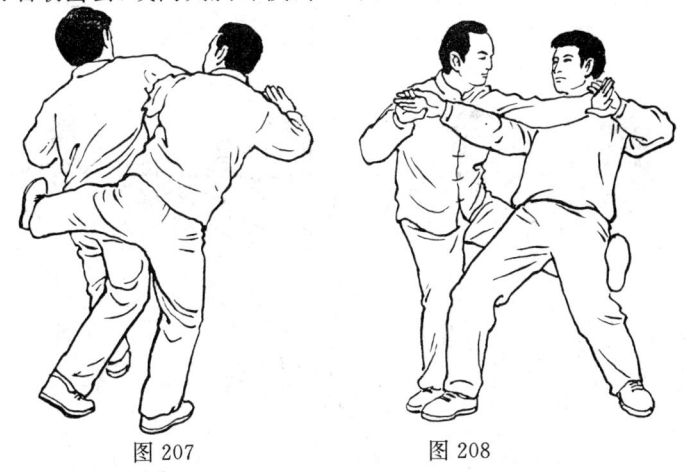

图 207　　　图 208

**动作六:**

接上动作,发左蹬脚之后,若我仍不放过敌人,左脚迅速里合,勾击敌人右腿或身右侧,左手继续走外挒劲,上下形成对绞劲(剪刀劲),身转180°,可将敌人摔出。身转过来,双手开合,交叉于胸前,又含有对付身后之敌的含义。

109

## 第四十一式　右蹬脚

**总述：**

接上式,旋风脚转身180°,以十字手定势。此时,右侧之敌向我进攻,我先引化,后进击,上走右肩靠、右肘击、右拳打,下走左膝撞、右脚蹬。与左蹬脚动作、技击含义均相同。只是方位相反。

**动作一：**

设敌人从右前方用双掌向我胸部按来,欲将我击伤或推倒。我交叉之双手逆缠向下分采,使敌双手按劲落空失势。

**动作二：**

接上动作,敌双臂手被我双手分采劲落空失势变招,又从我身右侧进右步用左脚向我右腰胯蹬来。我即乘势身向左转下沉再上升,右腿逆缠,脚跟提起,离地向左并步收回,同时双手由双逆缠变双顺缠合,先化掉来力,准备还击。(与左蹬脚图相反相同)

图 209　　　　　　　　　　图 210

**动作三：**

接上动作,敌左脚蹬我落空,身体前倾,我即乘势身向左转下沉再略上升，右腿逆缠里转用右脚跟向敌腰胯蹬去。同时双手变拳由双顺变双逆缠向两旁挪出，先用肘、后用拳将敌臂挪出。这叫上挪下击。（图209、210）

## 第四十二式　海底翻花

**总述：**

海底翻花一式，系向右侧敌人发放的一种采挒劲，同时，又是右膝向右后发放的摆膝击法。此式既可以打，又可以摔。其发劲与二路之煞腰压肘拳类似，不同者此式系一腿独立，一腿（膝）发力，后者是双腿跃步发劲。练习此式，读者一定要注意一个"底"字，和一个"翻"字，其意即在于双臂先下沉、腰下

图211

图212 　　　　图213

塌，当向右转时，突然，两手、肘上翻，右肘走一个上弧、左肘走一个

下弧,再上兜。双臂翻上来,形成一个双顺的向右外挒劲,加上右膝的外摆撞击之劲,上下合力把右后侧之敌摔出或击倒,是完全可能的。

**动作一:**

接上式,敌被我右脚蹬伤跌倒在地,我双拳及右脚同时收回下沉于腹前,此是蓄势,以防敌人再犯。

**动作二:**

接上动作,这时另一敌人乘我左腿单脚着地之机,从我身后侧进左步,双掌向我按来,或抓我双臂,欲将我推出。我即乘势向右转,左腿逆缠,脚向里转,右膝上提护裆,边用右膝外摆撞击敌之腹部、胯部。同时右拳由腹前逆缠上翻经胸前变顺缠再向右外下沉向敌胸、肋,或向敌人踢我之腿走下采劲截击。同时我左拳以逆顺缠经身左侧先下沉 再上翻至左耳左侧,以保持身体平衡稳定,或翻上来绞截敌右臂,与我右手配合,运用摔法。此式在推手中运用双臂挒采劲,非常有效(图211~213)。此式可做单式(左、右转身)练习,一合一开,一蓄一发。

## 第四十三式 掩手肱锤

同前,略。

## 第四十四式 小擒打

**总述:**

顾名思义,此式系先拿后发(打)应敌之法。此式用法类似第十五式十字手。不同之处,即十字手是拿住敌人肘腕之后,向我身右侧发之;此式则是擒拿住敌人肘腕之后,向左前发之。

**动作一:**

接掩手肱锤,双臂斜向掤开,一含有背靠身右后侧之敌之意;

二是对应前面敌人,有"欲合(拿)先开"之意。

设敌人上右步用右拳向我胸部或面部击来。我即乘势身略向右转,右拳变掌逆缠翻转由敌右肘外侧掤敌手腕外侧,顺缠拧敌手腕,使其成为背势。同时左手逆缠擒敌右肘,与右手合劲。敌如要后退,我即乘势左脚尖外转变实,右脚乘机跟步近敌身以下踩劲击敌右腿迎面骨,使其右臂被制不得逃脱。下盘右腿受伤或受制。(图214、215)

图214

图215

**动作二:**

接上动作,设敌人避我右脚向其下踩之劲,同时想用右肩靠及左手合劲靠击我胸部,欲将我靠出摔倒。我即乘势右脚先上步外转变实,走敌身右外侧,同时逆缠外掤将敌右腕掘出。同时左手及肘部逆掤敌右臂肘,使敌不能贴近我身,这时我或将敌掘出摔倒,或以左肘击敌右肘、右肋等部。(图

图216

113

216)

**动作三：**

接上动作，敌右臂被制，欲靠不能进，如下沉退右脚，欲解其右臂肘手之围。我即乘势，身继续右转，左脚提起，向左前迈步，同时右手继续加强掤劲。同时左手逆缠由右肘弯外向左前下沉向敌胸肋部砍击。（图 217）

图 217

**动作四：**

接上动作，敌见我左掌向其胸部击来，一面含胸塌腰避我左掌，同时右手（拳）再向我进击。我即乘势身略向右转下沉，重心由右后略向前移，再略偏右后，同时我左手以顺缠上翻，接着再与右手

图 218

合劲,将敌右手肘向我身右侧捋开(提左手时,左臂用滚法)。使其胸腹等部露出空间。同时我右臂手以顺逆缠下沉合于右胸下,准备进攻。(图218)

**动作五:**

接上动作,我左手与右手合力将敌右肘手绞拿住,乘势身略向左转下沉,加拿劲,再重心偏左前,发放敌人。双手也可以向敌胸腹等部推击。(图219)

图219

## 第四十五式 抱头推山

**总述:**

此式系先顺势借力迎击前面之敌,再右后转身对付身后之敌。抱头推山,是以我转身之后双手上翻合肘、挑肘,再推击前方之敌的象形命名。此式用法之中,读者要特别注意其顺势借力之法,特别是动作一,充分体现了"以其人之力还击其人之身"的技法和劲走三节的技法。

**动作一:**

接上式,当我用双掌顺势推击敌人胸部时,敌人双手用力按我

双肘。我借用敌人对我肘的推按劲，双肘里合，而梢节捌开，即肘合手开。此时正好我左臂借敌人按我中节之劲，反射到我左拳之开劲上，左肘里合，左拳顺缠反击其右胸部，或面部右侧。此时，敌人必

图220

然捌我左拳，而放松了捌我右拳之劲，好，我又借敌人此捌劲，右拳迅速乘势收回，右拳再反击其左肋部。双臂一开一合，都是借用敌人之力。此动作，还体现了陈式太极拳劲走三节的技击法。即《孙子兵法》所云：击首尾相应，击尾首相应，击中首尾相应。此动作就是敌人按击我手臂的中节，我即迅速用梢节打他。他捌我左臂梢节，我又以右臂梢节打他。发右拳时，又体现了

图221

左引右进（击）之术。"左实则左虚，而右已去。"充分体现太极拳化打结合之优势。（图220～222）

**动作二：**

我刚把前面之敌击倒，又有敌人从右后搂我后腰，欲将我摔倒，我先向左前松沉，使敌人身前倾，我再向右后翻身用肩、肘、拳迎击敌人。右腿后扫，还可以扫击敌人前边之腿脚。第二种假设：

116

敌人在我身后上左脚，用双掌施按劲向我后心及腰部击来，欲将我击伤跌倒。我即乘势身快速地先略向左转下沉再向右后转180°，同时用双肘、双拳以横捌劲截击敌右臂肘，使敌双手臂直按劲被横截失势落空。（图223、224）

**动作三：**

图222

设敌双手臂的按劲被截落空。敌人变换手法，双手又抓我双臂肘，继续对我施推按劲。我即乘机身向左转下沉，同时双拳变掌先交叉向前上双顺缠引劲，这是欲开先合，再变双逆缠分向右前及左

图223　　　　　　　　图224

后将敌两臂肘向两旁掤开，使敌人胸部露出空间，以便于我进攻。（图225）

117

**动作四:**

接上动作,敌人双手臂被我双臂分向右前及左后掤开失势,胸部完全暴露出来。我即乘势身向左转再向右转下沉,沉肩坠肘,含胸塌腰,松胯屈膝,左腿右腿先后腾起向右前左脚先跨一步,右脚再迈一大步插入敌人裆部。同时双手臂逆缠里转外翻上

图225

挑肘掤敌双臂肘,使敌胸部、两肋空间完全暴露出来,此时,如距离敌人很近,可用双肘向敌两肋部挑击;如果距离敌人稍远,双臂手同时快速顺缠下沉至胸前乘势向右前敌人胸、腹等部用周身之力推击。(图226、227)

图226　　　　　图227

读者注意,当我双臂掤开变挑肘时,肘弯里侧要用力夹击敌人

118

抓我双臂之手,此谓肘拿之法。

类似动作四这种练法,如做单式练习,除了锻炼这种一开一合、一引一进的手法步法之外,还要注意意念力的锻炼。在发推击力量之时,要加上一种意念,如同我周身有一种推倒一座大山的巨大力量。这种意念力久而久之的练习,不断调动人体潜在功能,可以产生估量不到的威力。

## 第四十六式　第二三换掌

**总述:**

此式与第一个三换掌手法基本相同,只是步法不同。第一个三换掌重点锻炼手、肘、腰的力量,圈较小。此式因为双脚迈开为马步桩,更强调锻炼腿部的力量。并且要求体现出两脚交替蹬地的反作用力要反射到发劲的手上去。当然,仍要注意腰为枢纽,增强腰裆功力。

**动作一:**

设对方在我右前方双手用按劲按我双肘及腕部,或用双手抓住我双腕部用按劲向前上步,欲将我推出跌倒。我即乘势身先向右转,重心偏左后,左腿逆缠里转;右腿顺缠外转,膝里扣合住裆。同时双手顺缠旋转外翻,右臂手里合引化对方左手的按劲,使其劲偏于隅角。同

图228

119

时左手由右手下乘机向对方腹部或胸部击去；对方如含胸塌腰后坐，化我左手进攻之劲，我即乘势身向左转下沉，重心向右前移，我左手略逆缠下沉收回，右手逆缠里转向前击对方的胸部。距离近用肘击，距离远则用手击。（图228、229）

图229

**动作二：**

接上动作，设对方见我右肘或右手向其胸、腹等部击来，身向右转，用左手臂截化我右臂肘手进攻之劲。

我即乘势身略向左转，再向右转螺旋下沉，重心先右再偏左。同时，右手由逆缠变顺缠里合收回至左肘下；左手由逆变顺缠向前上翻，向对方面部击去。（图230）

图230

**动作三：**

接上动作,设对方见我左手向其面部击来,身右转,退右步变为顺步,化我进攻之劲;同时左手逆缠翻手抓住我左手背,右手乘机抓住我左腕,向下施采劲,截拿我左手腕,使我受伤或失去反攻能力。

图 231

我即乘势身快速略向左转下沉,重心偏右前。左手乘对方双手采拿我左腕之机,以腰劲带动左手快速顺缠勾腕旋转,用腕背向对方面部或胸部击出;同时我右手逆缠里转,向左肘下前上翻,同时向对方面部击去。对方如右转退步避我向其胸、面部击出之劲,我即乘势身左转以左手

图 232

牵对方左手;同时右肘手向对方左耳门或身左侧以挒劲击出。或者,以我左手反拿其左手,以右手拿其左肘,合力拿其肘腕关节,使其失势。(图231、232)

121

技击含义还有一种活步的练习及实用方法,即:

**动作一:**

设对方从我右前方以双手按或抓住我双腕及肘部,右脚向前上一大步,用猛力欲将我推出。

我即乘势身右转,重心在左后,双手顺缠左前右后,以右手引进、左手乘机向对方腹部击去。同时我右腿顺缠里合提起可向对方下盘踢击,如对方含胸塌腰,右腿后撤一步,避我左手及右脚进攻之劲。我即乘势双手逆缠左后、右前上相错,右手向对方胸部击去。同时右脚逆缠向右前上一步着地以加强右手向对方胸部发劲的威力。

**动作二:**

动作及技击含义同上动作二。区别在于身向右转时,重心在右后,左脚顺缠提起向右前跟步,以加强左肘及手向对方面部及胸部进击的力量。

**动作三:**

动作及技击含义与上动作三相同。区别在于练习及技击实用上是双脚跳起向右前下沉着地,以腰为主宰,动作练习及实用上速度更快,向对方进击的威力更强。

以上活步练法,每个动作均可做单式练习。

## 第四十七式　六封四闭

## 第四十八式　单　　鞭

以上二式均同前,略。

## 第四十九式　前招、后招

**总述:**

此式虽曰前招、后招,实际上是发三个劲,第一向右前方发掤捯劲；第二是向左前发掤捯劲（先引后发）；第三是向正前方发掤按劲。这种欲左先右、欲右先左、欲前先后、欲正前方先走左右的技击手法，在推手中非常有用。可以声东击西，迷惑敌人。在变换手法之中，要切实注意顺逆缠丝劲，并且注意在顺变逆、逆变顺时，必须先塌掌根，再走劲。充分体现"下塌外碾"之发人原则。同时，注意两手的合力。

**动作一**：接单鞭，我身右后侧之敌进左腿套住我右腿，以右手拿住我右手指或拿住右腕，左手拿住我右肘关节，或欲使我右肘脱节而受制。

我即乘势身向左转略下沉，重心偏左。同时沉肩坠肘，开胸，实腹，下沉左转，松胯屈膝。右手臂乘势顺缠向左上领劲引进，使敌劲落空。乘敌劲欲回撤之机我身向右转下沉，左腿逆缠变虚步并于右脚旁。同时我右手逆缠向外展掤开对方右手，使对方身右及后面露空成为背势；

图233

我左手同时由左上变顺缠向下沉向敌身右肋及后腰撞击。或我双手向右后掤击其双臂，使其后仰。（图233）

**动作二**：

设接上动作，我右前对手刚被我击中倒地。这时另一对手从我身左后进右步用双掌施按劲向我身左侧肋部击来。我即乘势身右转略下沉，重心在右，眼看身左侧。同时左腿逆缠提起用脚踵向对方右腿膝部或迎面骨蹬踩，或进步插入对方裆内，或套住对方右脚，准备贴近对方之身进击，同时我左臂手顺缠向右前方引进，使

123

对方来劲落空;同时我右手向右上逆缠领住劲。这叫"上引下击"或"上引下进"的进攻之法。(类似运手之引劲)

**动作三：**

接上动作,设我左脚将对方右脚套住,贴近其身,我即乘势身快速向右转下沉,重心偏右,再向左转进身用肩靠击对方右肋及右胸;稍远则用左肘击其胸、腹等部,同时,右腿逆提向左脚前迈步(横扫);再远可用左臂手向对方胸、面等部横击。对方如退右步避我进击之势,我即乘势身继续左转,用右臂肘手横击其左腰、肋部。(图234、235)

图234　　　　　　　　　图235

**动作四：**

设对方从我前面进右步用右拳向我胸部击来,我即乘势身先向左转,再身向右转,右臂向右上将对方右臂掤出。同时我左臂手下沉经腹前用横劲向对方右腰、肋等部发劲击去,使其右腰肘被击。(图236、237)

在推手时,连起来运用动作一、三、四,可以运用欲左先右、一引一进之法,右、左、前连发三个劲,做到声东击西,将敌人发出。

图 236　　　　　　　　图 237

## 第五十式　野马分鬃

**总述：**

此系运用大身法、大铺身，走采、挒、肘、靠劲，属于贴身近战的战术。即强调走低势，进步插裆或套腿，都要进得深，上肢插其腋下，也要靠得近，贴近敌人"大本营"（中盘胸腰部位），俗称"塞靠"，而且要塞够，走肩靠、胸靠、背靠，然后再发挑挒劲，稍微离开，即发肘击劲，再远走掌及腕背等梢节劲。体现三节劲的充分运用。但其中以靠摔、挒摔为主。

**动作一：**

接后招，设对方从我正面进右步用右拳向我左胸部击来，我即乘势快速向左旋转螺旋下沉，同时左臂手由顺变逆缠由腹前中线向左外上掤擓敌右臂手，使其击我之劲落空。同时我身继续左转，右臂手由逆变顺缠，从前中线下沉经胸腹前向敌右臂肘外侧下穿，缠住其右臂肘，右腿同时进步插入敌裆内，借势身向右转，重心由左渐移右，右膝里合，以左逆右顺缠向右外挒挑敌右臂肘，使敌右臂被我挒挑受制，向我右外方摔出跌倒。届时如我右脚上步套住敌

125

左腿，乘势用肩靠击敌左肋部，使其受击摔出，或用里扣（膝里扣）外翻之势，将敌人摔出跌倒。（图238）

图238

**动作二：**

设我刚摔倒前面之敌人，这时另一敌人从我身右外侧用双手抓住我右臂腕，欲用擒拿外翻扭我右臂。

我即乘势身向左转下沉，左手逆缠向左外上领劲，配合右臂手，同时右臂手顺缠向头前中线领劲引进，使敌劲落空失势。（左引势）

**动作三：**

接上动作，敌身前倾，劲落空失势，乘其身体后坐以求平衡未及变招之机，我即乘势身向右转下沉，我右臂略下沉逆缠向右外展开，与敌贴近可乘机用右后肩向敌胸、肋等部靠击。稍远则用右肘向敌胸、面等部击出，使敌受伤失势，再远则用逆缠外掤敌右臂肘。同时，我左手顺缠由左上而下沉里合，向敌右肋或背部横击，使敌被击失势。如我还不欲放过敌人，可乘机用左脚向敌人左膝蹬击，使敌人下盘受击摔倒。（右后横击势，用法类似运手动作一、二）

**动作四：**

我已将敌人蹬倒，这时另一敌人从我前方进右步用右拳向我面部击来，我即乘势身继续右转，左腿先迈步插入敌裆内，或从腿外侧套扣。同时我右臂手逆缠向右外掤捋敌右臂手，使敌右拳之劲落空，同时我左臂手顺缠插入敌左臂腋下，距敌远则用掌横击敌右肋部、腹部，

图239

稍近时则用左肘击敌肋部，贴近则用左肩靠击敌胸、腹等部。（图239）

**动作五、六：**

图240

接上动作，当我贴近敌人用左肩靠击敌胸、腹等部时，敌乘势退右步，同时含胸后坐，右臂手下沉收回与左手合抓住我左臂肘，欲用双按劲将我推倒失势。我即乘势身快速向左再向右转略上升，我左手先向左逆缠变顺缠向右上中线领，向左外逆缠，"欲右先左"；向右上中线顺缠引进落空，

127

使敌双按劲落空失势。当我向右上掤发敌人之时，敌失重身体前倾，欲后坐调整自身重心时，我双手再顺变逆，逆变顺，迅速向左前发劲，顺水推舟，将敌人向我左前方发出。这叫"打回劲"。（图240、241）

图 241

## 第五十一式　大六封四闭

**总述：**

此式用法与前大六封四闭基本相同，只是在连接动作间有新的含义。即双手多一个右下引、左上翻，双手反击敌人胸、头部，或拿敌

图 242

左手肘反关节,使敌人受制。

**动作一:**

设敌人从我左侧用双手抓住我左臂肘施双按劲,欲将我击倒。我即乘势身先微向左转加一个掤劲(欲右先左),使敌人判断错误,再向右转下沉,走右下捋,向右下沉引进,使敌双臂手按劲落空失势。

**动作二:**

接上动作,设敌人双手按劲落空失势。我即乘其身向后坐,调整平衡未稳之机,我左手快速逆缠里转勾腕,由腹前上翻变顺缠,用腕背向敌胸部或面部击去。同时我右手在右膝上快速顺缠外转向上翻,经胸部、头部右侧变逆缠击敌面部。这样双手同时合力进攻敌胸、面等部。或者,我双手同样旋转,左手勾腕,刁敌左腕向我左外上牵,右手上翻管住敌左肘关节(图242、243)。此时,如果敌人松沉,化开我的拿劲,我再顺势由反拿变捋,同时提右膝,形成上捋、下击之势。即接动作三之动作。(其他同前大六封四闭)

图243

## 第五十二式　单　鞭

技击含义同前单鞭,略。

## 第五十三式　双 震 脚

**总述:**

前招、后招,野马分鬃诸前式,体现了"欲左先右、欲右先左"的左右折叠劲。此式,又表达了太极拳之"欲上先下、欲下先上"之上下折叠法。即《太极拳论》中云:"仰之则弥高,俯之则弥深",随屈就伸、随高就低之原则。敌人向下沉,我比他沉得稍多一点,稍快一点;敌人向上纵,我随他上升之劲托他双肘,稍微再高一点,稍微再快一点。他沉,使他在沉中失势,升则让他在升中失势。这又是太极拳顺势借力的一种战术。

**动作一:**

接单鞭,设敌人由我身左侧用双手抓住我左肘及腕部,用双按劲向我推来,欲将我推出。我即乘势身快速向左再向右转先上掤再下沉引进,使敌双手按劲落空失势,我再乘敌后坐之势,向左前方发劲。(此动作类似第一单鞭接第二金刚捣碓动作一)

**动作二:**

接上动作,前面之敌失势,我身右后又有敌人进攻,按我右肩、肘。我乘势身向右转,我右手由顺变逆缠上翻掤敌右腕;同时我左手变顺缠,准备配合右手缠拿敌右 臂或进击敌人。(图244、245)

**动作三:**

接动作二,设我右手掤住敌右手腕,乘其未变招之前,我身 继续右转,重心变左,左腿逆缠,右腿顺缠外扫(扫敌前脚)再脚尖点地收回。同时我右手快速由逆变顺缠反缠拿敌右腕,使敌成背势;同时我左手快速变逆缠合拿敌右肘关节,以加强右手缠拿敌右腕

图 244　　　　　　　图 245

之合劲，使敌右臂肘、腕关节被缠拿受制处于背势。(图 246、247)

图 246

**动作四：**

接动作三，设敌右臂肘及腕关节被拿受制，处于背势，如敌人下沉，欲解脱我之反拿手法。我即顺势下按，你沉我比你沉得更深，使敌更加不得劲。此时，如敌人变招又欲上纵，我也变式，随他上升,两脚蹬地腾空,双手快速顺缠上升,乘敌上浮失势,我再逆缠快速下沉用采劲猛采敌右肘及腕部,使敌因被采而身前倾跌倒在地。这是"欲上先下、欲下先上"的击法。(图248～250)

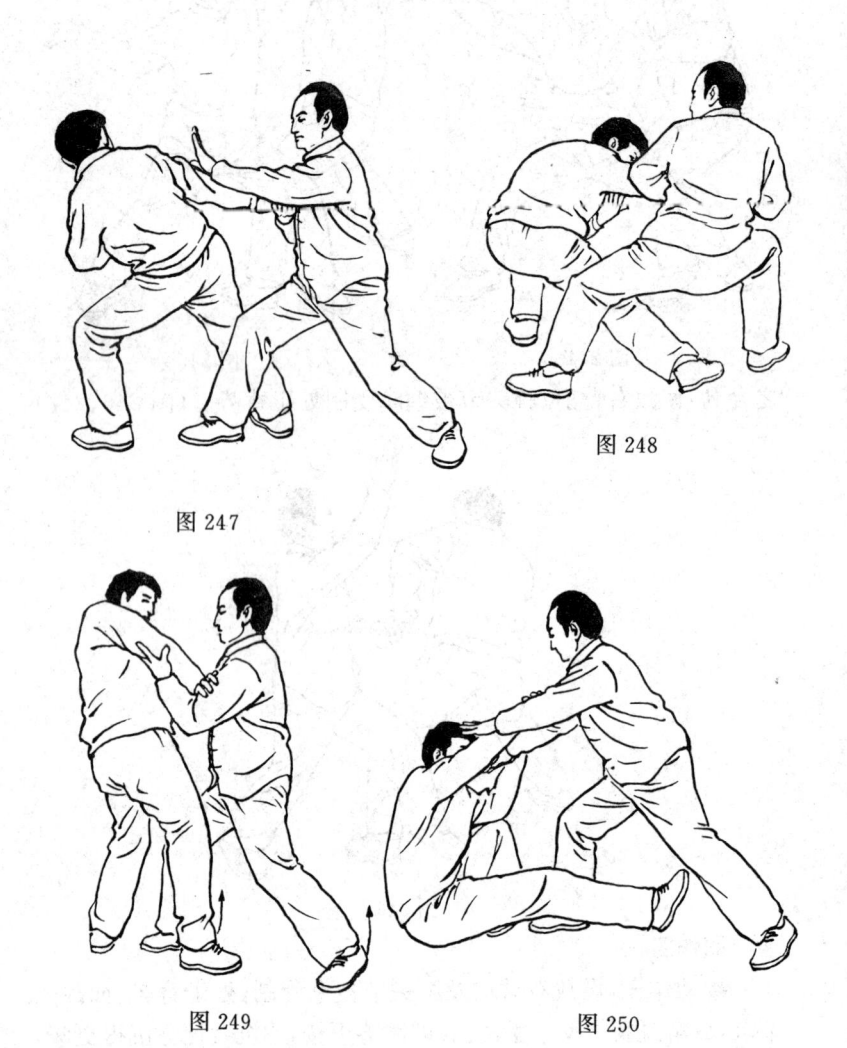

图247

图248

图249

图250

以上动作,如能快速走一上(托)一下(采)两个惊炸劲,也可以取胜。

## 第五十四式 玉女穿梭

**总述**:

从整个玉女穿梭一式来说,它适用于冲出包围圈,是在亦攻亦守、肩肘并用、手脚并用、螺旋冲击的情况下穿出来的。这是一人对付多人之法。但是,在对付单人搏斗中也有独特的用法。(见下列分析)

**动作一**:

设敌人从我前方进步用双掌向我胸部击来欲将我击伤或推出。我即乘势身微左转上升,同时右腿逆缠上提膝,双手顺缠以右前左后合劲上翻,上托截敌双手来力。使敌双掌击我胸部之劲落空。或我顺势左手截托敌手腕,右手截托其左肘部,将敌臂肘截托起,使敌身后仰,劲上浮。同时我右膝借上提之势向敌裆内或腹部撞击。(图251)

图251    图252

133

**动作二：**

设敌在我正面进右步，用双手抓住我双臂肘弯，欲将我推出跌倒在地。我即乘敌人双手劲将发未发之际，身快速向左转约 90°，同时双手逆缠以捌劲分敌双手推我之劲，使敌身左转歪斜。同时我右手逆缠向敌胸部击去，并右膝逆缠里转，向前上再提，向敌裆内撞击，将敌击伤。我左腿站稳以控制重心，这样右掌与右膝上下同时向敌进攻。（图 252）

**动作三：**

接上动作，设我右掌及右膝向敌胸部及裆内击出，敌右脚退后一步，避我右掌及右膝之劲，我即乘势身快速向右转，右腿顺缠脚尖外转向前上一大步逼近敌人。同时我右手顺缠快速收回至右胸前，或接拿敌伸出之右手腕。同时我左手快速逆缠向左前方之敌面部及胸部击出，或击其右肘反关节。使敌不及躲避，被击倒地。（图 253）

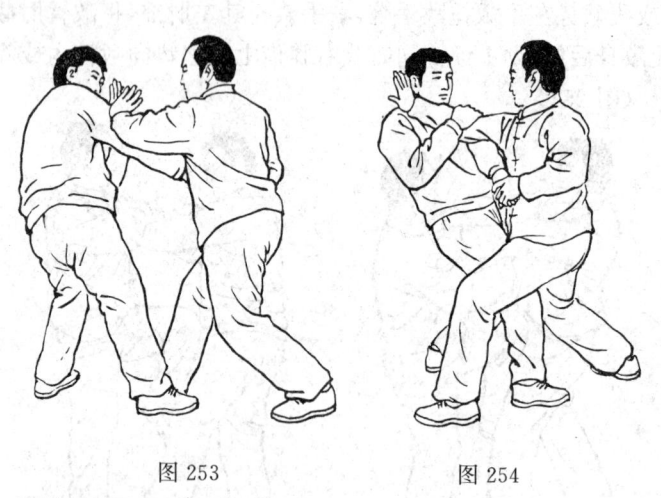

图 253　　　　　图 254

**动作四、五：**

设我刚将一敌人击倒，另外一些敌人从我左前右后及两侧将我包围住，欲合伙将我击败。这时我即乘势右脚踏地，身腾空跃起，随左手逆缠向左前穿出,当我左脚尖一着地,左手逆缠下沉(上下相合)里合向我原来身右侧之敌腿部击去,同时我右手由右胸前逆缠向右外上展开,向我原身后及左侧之敌击出,这时我身已穿出敌人包围圈。向前腾空冲击时,要发挥旋体时的肩靠肘击诸法。

此动作若仍系对付上述一人,接上动作,当我左右手撅拿敌右臂肘

图 255

时,敌右手随我撅势进身向我靠击,我乘势右手上引,左手下采,双手分挒,随转体走肩胯靠摔,可将敌人摔出。(图 254、255)

## 第五十五式 懒 扎 衣

## 第五十六式 六 封 四 闭

## 第五十七式 单 鞭

## 第五十八式 运 手

以上四式技击含义均与前相同。略。

## 第五十九式 双 摆 莲

**总述：**

此式是一种摔法。全式分作三段，含有三种摔法。第一段，即动作一、二、三，是左腿插裆，双手向右外掤，左腿逆缠外崩，将敌人摔向我右前方；第二段、第三段即动作四中所包括的两种摔法。先是左腿外套敌右腿向里勾扣，双掌向左前击其胸或臂，右膝提起撞击其裆腹部，向左前方摔之，为第二种摔法。然后，我右腿再偷进到敌身右侧，再走右外摆脚，同时双手向左侧击打敌上盘，上下形成剪刀劲，将敌摔向我前方。此为第三种摔法。此式充分体现一式之多用，读者不可不仔细钻研。

**动作一：**

接运手，双手前掤，跟右步，是为接应左前方敌之来力，并为击摔敌作准备。

**动作二：**

设敌进右步从我前方用右拳向我胸部击来，欲将我胸部击伤。我即乘势身向右略转以避敌右拳击我胸部之势。同时我左腿逆缠提起，向敌右腿外侧进步以备变化虚实击敌。同时我双手以左逆变顺缠，由身前向敌右臂外侧掤捋敌肘、腕部，准备顺势将敌捋出摔倒。如我左腿

图 256

蹬击敌下盘，双手捋发敌上肢，也是一种摔法。（图 256）

**动作三：**

接上动作。我左手管住敌右肘外侧，右手攦住敌右腕关节，顺势向右外下攦采敌右臂手，使敌身前倾失势。同时左腿逆缠里转，用左小腿外翻之势，弹崩敌人右腿，形成上攦下崩之势，使敌前伏，又是一种摔法。

**动作四：**

接上动作。我双手攦采敌，使其失势落空欲后撤，这时我乘敌身失势之机用以下三种方法对敌：一、提右腿逆缠里转，距敌近，可以右膝里合上提撞击敌之下阴及腹部；或用右脚里侧向敌右膝下胫骨铲蹬击去，或用双手攦采之势将敌摔出。这是里合腿摔法。二、右腿逆缠里转提膝击其中盘，同时我双臂手以左逆右顺缠向左上方，将敌右臂压住，向敌下颏或胸部击去，配合左腿套住，这是向前摔击法。三、我右腿由敌右腿外后下方向右上外摆击敌腰胯或右腿弯处，双手向左旋横击，将敌击伤摔倒。这又是一种右腿外摆双手里合利用对称劲摔倒敌人，故称双摆莲。（图257、258）

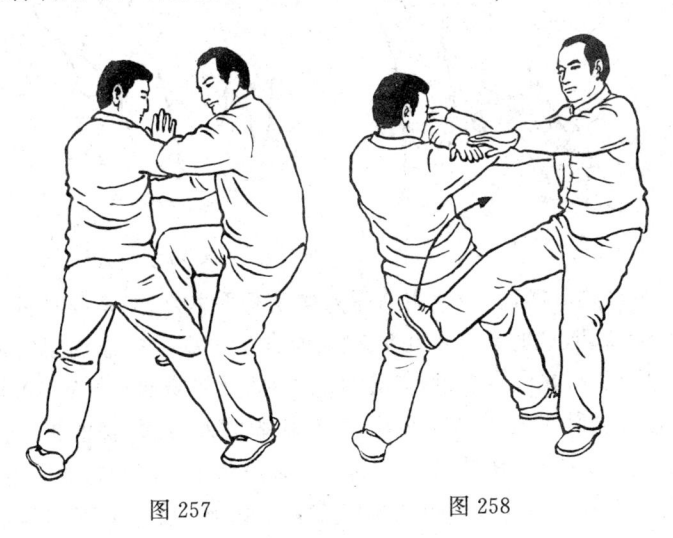

图257　　　　　　　图258

## 第六十式 跌 岔

**总述：**

此式总的含义是万一不慎跌倒时,在背势之中如何找顺势,在败中如何取胜的一种锻炼方法。同时,锻炼在跌倒时如何利用臀部下沉着地、借用大地的反弹力,迅速腾然而起,以上撑、冲拳之势反击敌人,以获得败中取胜的效果。读者注意,与上式连接动作之中含有一种拿法和绞截法。

**动作一：**

图259　　　　图260

接上式双摆莲,设我用右腿外摆及双手里合,刚将我身右侧敌人摔出跌倒,这时另一敌由我左侧前进步用双手按推我掤出之左臂肘腕,欲将我向身右后推出跌倒。我即乘势身向左约转90°略下沉,右脚逆缠下沉震脚变实,同时左腿顺缠外转膝,脚里扣上提向敌裆或腹部撞击,使被撞击受创。同时我双手以左逆缠右顺缠,左上右下双腕交叉,左肘腕逆缠向右合下沉,使敌双手按劲落空失势,同时在左臂手掩护下我右臂拳下沉偷击敌之胸部、腹部,使敌防不胜防。如此时,敌用左手抓我左腕,我右手自下而上反扣住敌左手腕,双腕交叉合力下采,又是一种拿法。这样与左膝运用身法配合,乘机可向敌中、下盘同时进击。(图259)

**动作二:**

图261

连接上动作,如果敌进右脚、双手向我左臂肘推来,迅速凶猛,我引化稍迟,不慎被其推动重心受制,有被其推出跌倒的危险,我即乘势身略向右转,右膝弯屈,快速跌下,右臀部及膝里侧着地。同时我上提左膝,左脚快速向敌右腿下部、胫、腓骨蹬击。这是败中取胜之法。

图262

再借身跌下臀部着地弹起,配合左脚后跟及右膝、右脚里侧撑地借

力上起之机,我左拳向前上冲起以击敌(接下式)。(图 260、261)

另一种含义是当我不得势下跌之时,双拳捌开,右拳掤起敌进攻之右臂,左拳乘势击打敌之腹部及裆部。(图 262)

## 第六十一式　左右金鸡独立

**总述**:

金鸡独立一式的技击含义主要在于双手走上下斜向捌劲,乘敌中盘空虚之机,提膝击其裆部。左右分别练习,以随机应变。同时,读者还要注意其中两个独立步之间连接处,双震脚时含有随高就低、忽上忽下、顺势借力、化打结合的技法。

**动作一**:

接上式跌叉,我利用蹲地反作用力,右臀部弹起,再借左前脚跟及右脚跟里侧撑地的支撑力,身略左转向左前上腾起,左拳(距敌近则击裆,稍远击胸,身起跟进即击下颏)由下而上向敌冲击,右拳由右后下沉顺缠至腹前,从左拳里侧准备向上冲击,这时以防敌躲过左拳,右拳跟进为偷击之法,同时左腿顺缠外转变实。同时我右腿逆缠,右膝上提向敌裆内或腹部撞击,这样拳、膝同时进击,使敌难以防备。我右拳击敌下颏时也可变掌逆缠向右侧前上托敌下颏,敌下颏被托,头部及身后仰,定然突出小腹,我即以右膝借敌身后仰之机上提向敌裆、腹部撞击。

图 263

(图 263~265)

图 264　　　　　图 265

此动作另一种用法,即当我左拳上冲时,被敌顺手抓拿,我左手顺势上引,右手向右侧下采挒敌之左手,敌中盘空虚,我迅速提膝击其裆部。

**动作二:**

接上动作,敌欲避开我上托或下挒之势,身下沉,我则随其下沉之势,双手下采按敌头、肩、臂均可,如敌被按不得劲又欲上纵,我即再随其势迅速再走一个上托、上挒之劲。将敌发出。如他再次下沉,我即双脚下沉(震脚)双掌猛向下拍击敌人。此动作忽上忽下,快速变化,皆为随机应变之法。练习时跳起双震脚也可,单独右脚震脚也可。跳起双震脚可快速调整与敌之间的距离,单震脚可跺敌脚面。(类似第五十三式双震脚之技法)

**动作三:**

设前面敌被我双手下采劲击伤倒地。这时另一敌从我身右外侧进步双手按推我右肩肘欲将我推出跌倒。我即乘势身向左转下沉,重心移左,同时右腿逆缠以脚跟里侧向右侧蹬击敌前腿。同时我双手臂先向右掤,左顺右逆缠变左逆右顺缠,再向左外上挒,使

141

敌双手臂按劲落空失势,此为上引下进之法。(图266)

**动作四:**

接上动作,敌双手按劲被引进落空失势,不等敌换劲变招,我乘机身略右转下沉,重心移到右腿,与敌失势落空方向相反,左腿逆缠变虚并步,同时我双手以右逆左顺缠下沉,由敌双臂下以左手走下弧接近敌胸部和下颏,准备变招击敌。

图266   图267

**动作五:**

接上动作,当我左手接近敌胸部或下颏时,乘敌失势调整重心含胸后坐时,我左手逆缠旋转托住敌下颏向左上托起,敌下颏被托身后仰,我同时以左膝上提撞击敌裆内或腹部。(图267)

第六十二式　倒卷肱

第六十三式　退步压肘

第六十四式　中　　盘

第六十五式　白鹤亮翅

第六十六式　斜　　行

第六十七式　闪通背

第六十八式　掩手肱锤

第六十九式　六封四闭

第七十式　单　　鞭

第七十一式　运　　手

第七十二式　高探马

以上十一式同前。略。

## 第七十三式　十字单摆莲

**总述：**
十字，指敌将我双臂拿住或按住，如十字形；单，区别于前面的双摆莲。前者我用双手与外摆之脚形成剪刀劲走摔法,此式则用一手(左手)外捌与右脚外摆相配合,形成剪刀劲走摔法。故名十字"单"摆莲。此式接高探马,由五个连接动作组成,含五种技法。第一,敌人从我右前方双手推按进攻,我边引化,边走左右手上下缠绕合住劲,右手拿住对方右手,走绞拿和肘击法;第二,我双手走捌劲,右臂掤,左手向敌右肋进击;第三,即走上述十字手,中间有个左肘、左肩靠劲;第四,走上捌下摆的摔法;第五,即为海底翻花。故此式虽名为十字摆莲,但其中包括若干种化打方法。

**动作一：**

接高探马,设敌人从我身右侧抓住我右腕及肘部,欲用擒拿翻扭我右手臂肘,或乘势施双按劲欲将我横向推出。我即乘势身先略右转再左转略下沉,右腿逆缠,左腿以脚尖为轴顺缠外转,右手臂顺缠外转下沉里合向左前上旋,将敌反扭我右臂肘劲或双按劲引进化空,乘其未变招前,我左手由腹前逆缠上翻里合向敌胸、面等处击出。(图268)

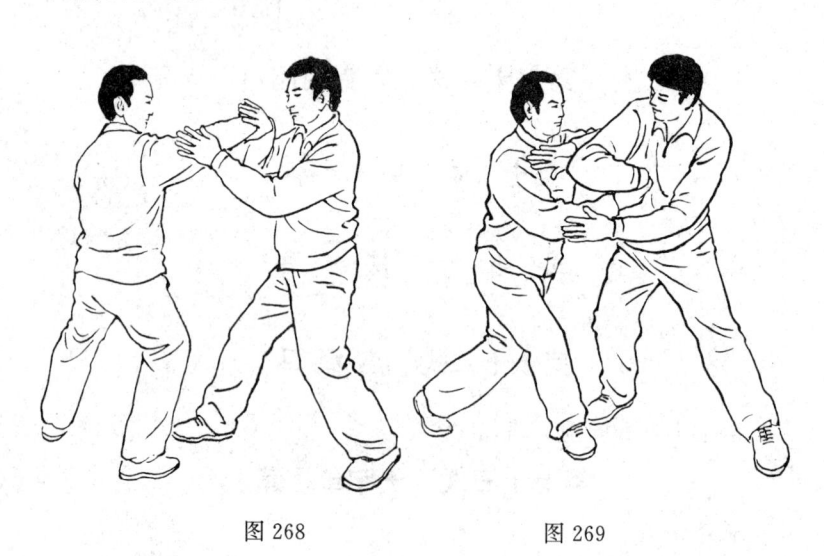

图268 　　　　　图269

**动作二：**

接上动作，如我左手击敌胸面时，敌含胸塌腰下沉，避我左手击出之劲，并欲变招取我。我即乘势身右转略下沉，以右手逆缠粘敌右腕翻转擒住敌右腕向我右外略上领出，使敌身右侧露出空间；同时我左手合于右肘弯里侧略下沉，逆缠里转与敌距离近即用左肘向敌右肋部击出。或用我左肘横击敌之后肘反关节。（图269）

**动作三：**

接上动作，敌被拿欲退，距敌稍远，我仍用右手擒住敌右腕继续向我右外上领劲。使其身右侧完全露出空间，我即乘势左手逆缠向左外下沉，向敌右肋部击出。左腿也同时逆缠提起，用左脚向敌右膝关节及胫腓骨部位踩击，使敌中下盘同时被击受伤失势，或左脚向前方（敌右腿右后方）迈步，走套步以备变招再击摔敌人。（图270、271）

图270

图271

145

动作四：

设敌在我正面用双手抓住我双腕部以左上右下把我双臂手绞住，乘势欲将我推出。我即乘势身右转略上升，再下沉，左臂手逆缠，用左外肩向敌右臂肘外侧靠击。此谓十字靠。（图272）

图272　图273

动作五：

接上动作，敌人距我稍远不能用靠，我即乘势身向左转上升，右腿逆缠里合提起，距敌近用右膝撞击敌裆部。距敌远我右腿里合提起至敌右腿右后方，配合我左手臂逆缠外捌击敌右侧或敌胸部，我用右腿向敌腿弯处外摆击出，上下形成剪刀劲，将敌摔倒。（图273）

动作六：

我把敌摔倒在地，另一敌人由我身右后进左步用右

图274

脚向我右外胯蹬击,我即乘势身向右转,右腿里合屈膝继续向上提起,顺缠外转。同时我左手变拳逆变顺再变逆缠上翻至左耳旁;右手变拳由左腋下逆缠上翻,向身后右膝外侧下沉,向敌右腿腓骨击出。或在我发上挒下摆劲之后,右侧另一敌抓住我双臂,欲将我推出。我乘势双手肘下沉上翻再下沉,用我双臂绞截敌人双臂,左肘里合,右肘外挒,下边用右膝横向撞击敌人腰胯,从而将敌向我身右侧摔出。(图274)

## 第七十四式 指裆锤

**总述:**

此式最后之动作为击裆锤,而其前面还包括三种技击法:第一是接十字单摆莲最后动作(海底翻花),我以双臂绞住敌双臂,向右边转边沉,走摔法时,我再变右脚下沉,提左脚蹬击敌下盘,使敌摔得更脆。第二是乘敌人失势后撤之时,我双拳(肘)速打回劲,向左侧敌猛发拳(肘)横击劲。第三是敌若仍有力向我进攻,我再右下沉走掘劲(欲上先下,下沉为了上翻),当敌被掘采劲落空,欲回撤变招时,我乘势迅速向左上翻,双拳抡向左上方,左拳击打敌人胸部、面部,右拳劈头盖顶向 前下猛击敌头部。或用摔法,向左前方摔出。第四,方是指裆锤,当我抡起双拳还击左前方之敌时,右前方另一敌抓住我双臂,我右臂引进里合(合于左肘弯上)当敌猛按我左手臂时,左手再引化收回,右拳从左肘下沉击向敌裆部。形成左引右进(击)之势。具体用法分解如下:

**动作一:**

接十字单摆莲动作六,当我双臂绞截敌双臂向右前翻摔之时,右脚震脚落地,加大上肢下采之力,同时乘右脚落地,左脚立即提起向前方之敌前腿蹬击,形成敌上盘被我绞缠向右前摔,下盘又被我左脚向左前蹬击而失势。此时,我如不放过敌人,趁敌失势欲后撤之机,我迅速用左拳、左肘向左前之敌发横挒劲猛击。或左手与

右手反拿敌之右臂,向左前边拿边发。(图275~277)

图 275　　　　　图 276

图 277

**动作二：**

设接上动作,如敌见我左拳、肘击其胸肋等部,身略左转,左腿后撤半步,并含胸向后坐腰,避我左拳肘进击之势,并乘机用双手由我左前外侧抓住我左臂肘,欲施双按劲推击,想把我推出。我即乘势身右转再下沉,向右前挒发,使敌双手按劲落空失势。于是我即乘敌双手按劲落空失势未变招之机,身快速向左转上升,拳以双逆变顺缠,由右下向左前上敌面部击去。(图 278、279)

图 278　　　　　图 279

**动作三:**

接上动作,双拳向敌面部击时,如敌闪身撤右脚右转避开我拳击之势,并乘机用双掌向我面部击来,我即乘势身先略向右转,同时我双拳逆缠,向上掤分敌双掌击来之势。敌双臂手被我双逆缠上掤分开必身后仰,防我击其胸部的双拳。我即乘势身快速向左转约 90°,同时双臂拳快速双顺缠下沉里合,变双逆缠,以左上引进右下的分挒的双开劲,用右拳向敌裆内击去。或如上述,敌抓住我上掤之双臂(或双腕),我利用先合后开

图 280

一引一进的分捌劲收左臂,并从左臂之下边发右拳击其裆部之势。
(图 280~282)

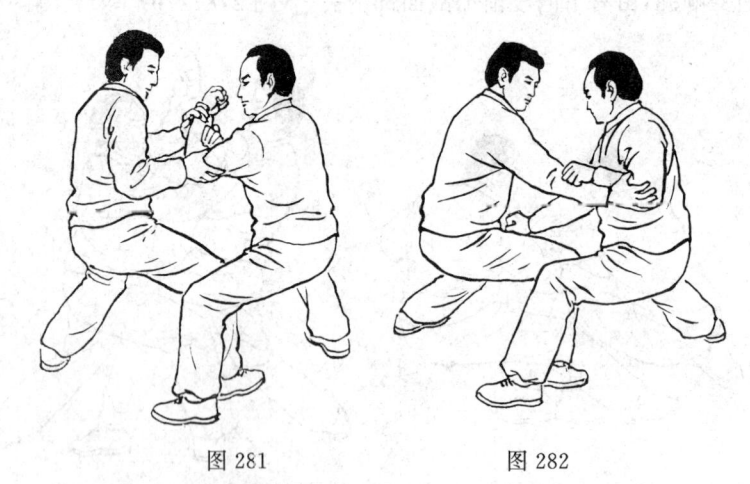

图 281　　　　　　图 282

读者注意:此式虽名曰指裆锤,但其技击含义并非只有用拳击裆一招,而且可以用肩靠,距离远了方可用拳。同时,在发拳击劲之前,要拧胯、扣裆、转腰、旋肩,以加大右拳、右肩的爆发力。

## 第七十五式　白猿献果

**总述:**

白猿献果一式技击的落点是提右拳、右膝,击敌胸、腹、裆部,甚至可以走右臂挑裆的摔法。但在整个运化蓄发过程中,还有非常细腻的过渡动作,充分体现了顺势借力、欲上先下、欲下先上、劲走三节、节节贯穿,以及"挨到何处何处击"的技击原则。起点,是当我用右拳击敌裆部时,敌人用右手抓住我右腕,防我击其裆部。于是我顺势逆缠向里下折腕,用腕背及肘部,还击敌人之腹部。如敌抓我右腕之手,随我进攻之势向上掤我右臂,我再顺势向我右前上方引敌右臂,使敌亮开右肋右胸,我此时左肘里合,用左肘击其右肋右胸,或击其右肘反关节。敌失势欲下沉向左后撤,我即乘势,右手随敌右臂下沉之势,随之下沉,化开敌拿我右腕之劲,再乘势向左上冲拳,击敌腹、胸、下颏等部,同时提右膝撞击其裆部。此即白猿献果之含义。正是因为此动作忽下沉忽上冲,所以老拳式名此为"青龙出水"。

**动作一:**

接指裆锤动作三。

设一:我以右拳向敌裆内击去,敌向我左前方撤步,避开我右拳进击之势。我即乘机身快速向右转,准备变招进击敌人。

设二:我右拳向右前敌裆中击出,敌出右手抓住我右腕,或向前上掤开我右拳,我乘势反拿其右腕,向右上引开,同时使敌右半身暴露,我乘机以左肘里合击其右肋,或以我左肘击其右肘反关节。(图283、284)

图283　　　　　　　图284

**动作二:**

接动作一。敌势背欲后撤,我乘势身向左转约90°,先螺旋下沉再上升,重心由右变左。同时左腿顺缠以脚跟为轴,脚尖外转着地,右腿逆缠里转膝上提(随右拳上冲),向敌裆内或腹部撞击。左

拳贴左肋部顺缠旋转下沉,右拳顺缠向前撞击敌下颏。这样上下同时向敌进攻。(图285)

此动作第二种含义是,接上动作,如我右手反拿敌右手时,敌左手进击,此时我左手下沉,采挂敌左手臂,我可以乘势发右拳,右臂从敌左侧上冲进击。右拳肘击其左臂、左肩,右膝撞击其左胯,令其向左前跌出。(类似第一金刚捣碓动作六,我右拳走敌左臂的外侧之劲)

另一种用法,即用下沉之右拳、右前臂挑击敌人裆部,使其后翻。(图286)

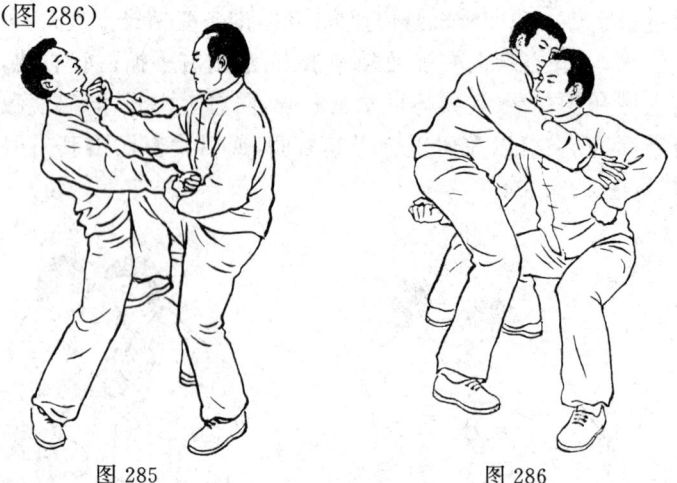

图285　　　　　　　　　图286

读者注意,我右拳上冲时,不论从敌正面或左侧面上冲,都要走螺旋劲,边旋转边上冲。发这种螺旋劲的整个过程中,可以随机应变,挨到何处(何处虚)即从何处击打敌。万万不可走直劲。这是陈氏太极拳不同于其他武术的特征之一。

## 第七十六式　小六封四闭

**总述:**

此式名为"小六封四闭",与其他六封四闭的区别,在于它不走掤捋挤诸劲,而是走一个解脱擒拿的螺旋下按的采挒劲。边解脱边进击。因动作小巧,故曰"小六封四闭"。

设接白猿献果,我上冲之右拳被敌抓住,并乘机向我施按劲。我乘势先引进,若仍未化开敌抓拿之劲,我双手合于胸前,走双逆缠,塌腰、下沉、变掌(采挒),将敌拿劲解开,然后迅速走下弧,再向敌发按劲,下塌外碾,将敌推出。(图287)

图287

## 第七十七式 单 鞭

同前,略。

## 第七十八式 雀 地 龙

**总述:**

此式又称铺地锦、铺地鸡。其用法与跌岔类似,不同之处在于臀部不贴地,走下势、低身法,左小腿肚可贴地。基本手法是:双手臂接敌冲来之右拳右臂,先走上捋,再下沉,一合(拿)一开(挒)。锻炼一种低势采挒应敌法。

**动作一:**

接单鞭,设敌由我身左前方进右步用右拳向我面部击来,欲将我面部击伤。我即乘势身快速先略右转再向左转,重心由右移向偏左。同时,左掌快速由顺变逆缠上掤再下沉里合,掤捋敌向我面部

153

击拳之臂,使敌右臂拳被掤劲断;同时,我右拳快速先逆后顺缠由向右侧上掘变下沉至我左臂下,双腕交叉向敌胸腹等部击出。

此动作另一用法是,我双手接敌右拳,我右手拿敌右腕,左手管敌右肘,走左上右下绞拿法,使敌失势。(图288、289)

图288　　　　图289

**动作二:**

接上动作,我右拳向敌胸腹部击出,敌身右转收右拳,撤右步含胸塌腰,避开我进击之势,并提右脚向我腹裆部踢击。

我即乘势身右转下沉,重心偏右后。左腿逆缠,脚尖里勾。同时我双拳以左顺右逆分向左前下、右后上分捌,左拳下沉击敌右脚踢来之势,右拳再向上掤,以保持平衡,或继续引开敌之右臂。(图290)

图290

如接上动作第二种用法,当我双手擒拿住敌右手肘时,敌向下松沉,解脱我的拿劲,右拳再向我进击,此时,我向右上方引化敌右手,使敌右胸露开,我下沉左拳,猛击其胸部或腹、裆部。

## 第七十九式　上步七星

**总述：**

此式与上式配合,一下一上,敌下沉,我下沉;敌上升,我上升。即拳论所云:"仰之则弥高,俯之则弥深。"随高就低。平时练低架子,就是为了适应敌人下沉之势,加强下盘的功力。并非交手必走低势。上式,敌下沉,我走低势大身法;此式 设敌后退上升,我即沾连粘随,迅速跟进,上冲左拳,再上冲右拳,再双拳合击敌胸部或下颏部,同时,随敌撤左腿,我则上右脚,趁敌退势,我上右脚踢其裆部、腹部。这叫"避其锐气,击其惰归"。(《孙子兵法》)"宜将剩勇追穷寇"也。

**动作一：**

设接上式,我左臂拳顺缠下沉,采击敌向我踢来的脚,敌见势不妙,撤回右脚并欲变招胜我。我即乘势身左转略下沉(合)再上升,上右脚,向敌膝部胫腓骨踩击。同时,左拳领劲先略下沉(上下相合)略顺缠变逆缠,向左前上方敌胸部或下颌骨冲击;

图291

同时右拳由右后上顺缠外开下沉经身右侧由左拳外交叉上冲,向敌胸部或下颌骨冲击。敌如身后仰躲避我双拳冲击时,上右步近身

用左或右肘向敌胸部击出,这样上中下三盘同时向敌击出。读者注意,此拳凡虚步都可以踢、蹬、套、插。(图291、292)

图292

**动作二:**

设敌从我正面进右步用双拳向我面部扑击欲将我面部击伤。我即乘势身快速先微左转略下沉,同时双手逆缠上掤敌双手腕,将敌双手臂向上掤开,再快速微向右转,乘机双手腕粘连旋转以左前右后交叉相合、坐腕,向敌胸部击出。(图293、294)

图293　　　　　图294

## 第八十式 退步跨虎

**总述:**

太极拳讲究在背势中找顺势,逆境中找顺境,退中有进,败中可胜。倒卷肱是从正面退中进击;此式则是向右侧退步,但退右步,可以进左肘,后退之脚还要挂、扫敌前方之脚,从而退中取胜。接上式,我双拳(掌)击敌胸部时,敌按我双肘,我双肘里合下沉,借敌之按劲,迅速反射到我双手梢节向前上的抖撩劲,借其力,还其身(撩击敌面部)。此时,我双腕若被敌拿住,我则顺势下沉,双腕翻转,以求解脱并趁机双掌坐腕,击敌胸部。又是一个解脱之中有进击。这些动作充分体现了陈式太极拳化打结合之妙用。此时,如敌仍抓我双臂不放,我再变换手法,即用开合互变之法。先向两侧分捌敌之抓拿劲,敌合劲更加大,我于是乘借敌的合力向前上走搓劲。又是一个借力击人之法。

**动作一:**

设敌在我正面进左步,双手抓住我双腕将双腕合绞住,使我受制或乘势欲将我扭绞翻倒在地。我即乘势身先略向左转略上升,再以右脚尖着地向右后退一大步;同时,我双手先向前上敌面前略双顺缠上扬(这是欲下先上之意,使敌判断错误),然后双手合住劲,变双逆缠下沉,使敌身前倾随我右腿向右后退步右转,而更加失势;同时我双腕粘连交叉,双手由里下向前翻绕一圈,以解敌拿我双腕之手;同时可乘机用双腕背向敌胸、面等部合劲击出。

再设,我将敌双手交叉拿住,双手合住劲用双腕背先向敌胸、面等部击出(虚实并用令敌难防),然后突然下沉 合住劲,用采劲拿敌双手使敌双手腕被绞截缠拿,身 前倾失势。同时右转退右步,使敌被截拿更前倾失势。这时,我双手腕由里下向前上交叉粘连连翻转一圈乘机向敌胸面等部击出。

我退右步时,还可以上用左肘横击,下用右脚横扫,使其摔倒。

(图 295、296)

图 295　　　　　图 296

**动作二：**

接上动作。当我身右转右脚向右后退一大步后，敌仍在我身前按我双臂不放，我双手先捯开，加大双臂外掤劲，使敌按（合）劲加大，以便我下一步借其合力，还治其身。（图 297）

图 297　　　　　图 298

**动作三：**

接上动作，敌人双臂被我双臂向两旁分开，我即乘势身先略向左转下沉，再向右转上升；左脚跟提起，脚尖擦地（或提起）里合向敌人左腿左侧胫骨绊击，配合双手由敌双臂肘下，向上合劲，向敌双肋部合击。

此动作为一种向前上的双手搓劲。此搓劲既可以击其两肋，也可以搓放其双臂肘，也可以双手合搓其左臂，一手拿腕，一手搓击肘部反关节。如能再配合左腿里合绊击，可以将敌人摔出。（图298）

## 第八十一式　转身双摆莲

**总述：**

此式技击含义与前双摆莲式相同。区别即在于"转身"过渡动作中的用法。但此转身动作的用法，又与前旋风脚动作一、二之用法相同，只是方位相反，一左一右，皆为上擓下击之势。此式接退步跨虎，当我双手向前面之敌走相错相合之搓劲时，右侧之敌推拿我右肘右腕。我先以右臂掤住来力，左手下沉备用。接着我右手反拿敌右腕，向右后上方引领，乘机我左手上提，一来可以击其右肋，二来可以上托其右肘，与右手合力，形成右后上擓之势。同时，提右膝，先是用膝击其右胯、右肋；然后是蹬击其右膝，或插裆，或套腿，以备走摆脚时上下交错反折之劲，将敌摔出。

**动作一：**

接上式，我身右侧之敌以右拳向我右胸或头部击来，我乘势先左转，再右转，右手逆缠由敌右臂肘外侧向右前上方缠拿或掤敌右臂腕，使其劲落空身左倾失势；同时我左臂分开向左逆沉，以备变招制敌。（图299）

**动作二：**

接上动作，如敌右臂腕被缠拿或被掤开，身左倾失势，右肋部及后背露空,我即乘势视距离远近,近则提左膝逆缠里合向上撞击敌右肋部或后臀及外胯,远则用左脚里合摆起击敌人右肋部或后背,或用左手顺缠上起里合击敌右侧,或配合右手托敌右肘反关节。(图300)

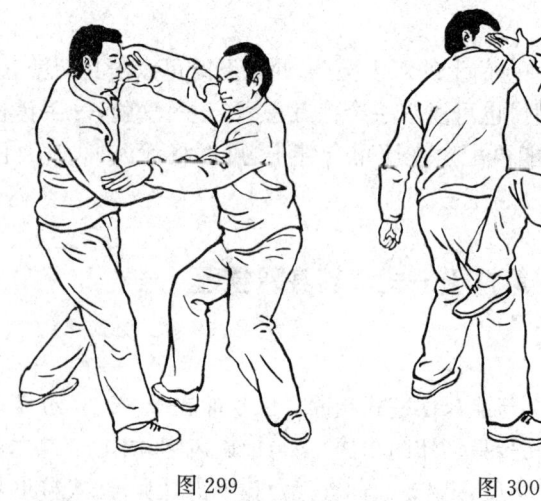

图299　　　　　图300

**动作三:**

接上动作。如我右手逆缠拿住敌人右手腕向右外上牵引,敌害怕身右侧及后面暴露被攻失势,则随我右手缠拿引,向我身右后转,避我左手及左腿合击之势,并欲变招胜我。我即乘势身向右转下沉,重心变偏右,我以双手向右外下捋,采敌右臂腕,同时左脚蹬击敌下盘,使

图301

其失势向我右外前倾。(图301)

**动作四：**

技击含义同第五十九式双摆莲。

# 第八十二式 当头炮

**总述：**

陈式太极拳有许多拳式，在外形动作上是用拳（或掌）等梢节击敌，其实内涵多是以上臂、前臂与腿、肩、胯、胸、腰等部位相配合贴身走摔法。如此式名曰当头炮，而且外形也是抡起拳头迎敌，实则为一种摔法。此式接上式，当我用双摆莲摔倒前面之敌，另一敌上左步前来抓我双臂，我双臂先下沉引进里合，塌腰松胯，左腿下沉，右膝先撞击来敌的腹部、裆部，然后向右后侧蹬击敌之左腿，双臂再向左上缠绞。发放敌之双臂，形成双手向前上、右脚向右后下（皆走弧线，双手走右下而左上的上弧线，右脚走向右后外的下弧线）的一种对称绞劲，将敌摔出。此时，如敌下沉后坐，躲过我上击之势，我随敌也下沉，先含胸塌腰蓄劲（或引进其进攻的双手）或乘敌后坐欲撤之势，我乘势双拳再猛击敌之中、下盘。这样先上后下，忽上忽下，逢上必下，随高就低，使敌防不胜防。

**动作一：**

接上式，另一敌在我前面，左脚在前用双手按我双臂肘，欲将我按扁推出。我即乘势身略向右转，右腿屈膝上提里合，用右膝向敌腹部或裆内撞击，或用脚里侧向敌人膝部下胫骨处踢击。同时配合我双臂、肘、拳向右侧外后引进，使敌双手按劲落空失势，将敌向我右侧后方摔出。如敌调整重心，身向后坐想稳定重心再乘机变招胜我。我应乘敌调整重心未稳定变招之前，我右脚向敌左腿横击，同时，双拳向左前上敌胸面等部以挒劲横击出，将敌击伤，这样上面双拳与下面右腿相配合可将敌击伤摔出。运用此手法时，一定要站稳。此时，我还可以双手臂插入敌两肋，向左前上与右脚向右后

下蹬敌左腿,形成摔法。(图302、303)

图302　　　　　　图303

动作二:

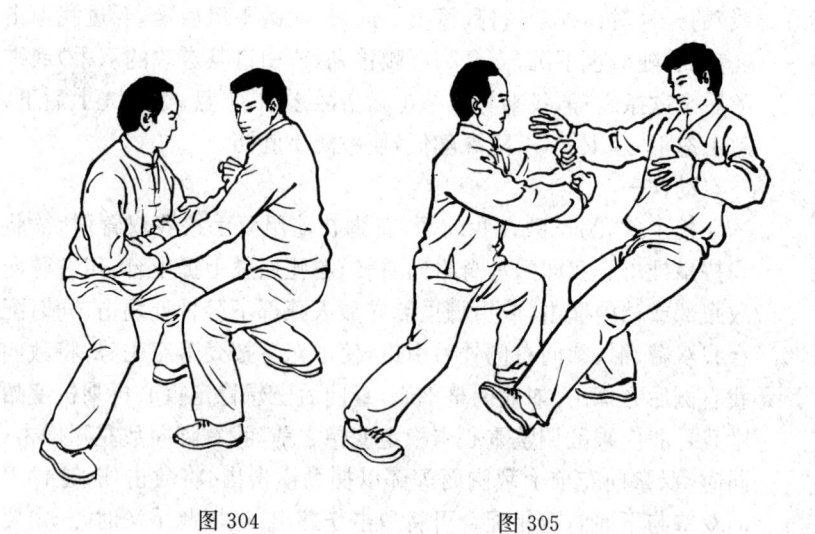

图304　　　　　　图305

接上动作。我刚将敌向我左前方击伤摔出,这时另一敌由我正前方起右脚向我腹部踢来,欲将我踢伤倒地。我即乘势身快速先略向左转再向右转下沉,重心先偏左前,再移偏右后,我双拳先双逆缠略上扬(这是欲下先上之意,也是为了加强双臂肘拳下沉采劲击敌的力量),再下沉以双顺缠向敌右腿胫骨处以采劲击出,使敌后腿胫骨被击失势,然后我再变招取胜。(图304)

**动作三:**

接上动作。我双臂拳以采劲向前下沉,将敌右腿胫骨处击伤,敌受伤失势,此时敌后坐欲撤,我即乘势身先快速略向右转下沉用拳或腕背,再向左转上升,以双臂拳先快速略顺缠变逆缠,里勾折腕,由腹前向左前上敌胸面等部击出,使敌胸或面部被击失势。(图305)

## 第八十三式 金刚捣碓

**总述:**

当头炮接此式,其连接动作(即动作一),双拳变掌先向前掤,然后再走上攦。此动作不可忽视。这是欲后先前之意。是为了加强向我身右侧外后双臂手攦劲的效果。陈式太极拳技击法的特点之一是"从反面入手",这可以说是一个规律,逢开必合,逢合必开,逢左必右,逢前必后,逢后必前(如此式、此动作)。或云欲左先右,欲右先左,欲前先后,欲后先前,等等。凡是上式与下式,上一动作与下一动作接劲、变势、变招、变速,不论手法、身法、重心,都要做到这种"欲前先后"、"欲顺先逆"的技法运用。作用在于:(一)能使敌人判断错误,出其不意,攻其不备;(二)便于变式、换招、运劲,以制敌;(三)为了借力。

其余动作技击含义同前第一金刚捣碓动作,略。

## 关于收势

按陈照奎先师所传拳架,第一路拳的收式也可以只作为最后金刚捣碓的一个动作,而不列为一个单独式子。因为按拳谱,第一路拳紧接二路拳,金刚捣碓紧接二路拳之懒扎衣式。所以,它既是一路之末式，又是二路（炮锤）之起势。一路起势手上提、腰胯下坐，收势则手沉身起，阴阳对称，起承转合，紧密相连，善始善终，起收相寓，天衣无缝，可谓编排之巧妙。故第一路拳可以称作八十三式，也可称作八十四式。

# 下 编

# 陈式太极拳第二路（炮锤）技击法

**导言：**

陈式太极拳第二路，原名炮锤。与第一路比较，相对而论，它有以下五个特征：

**一、速度快**

要求做到快而不乱，快而不丢。不丢动作，不丢缠丝劲。总的速度快，但仍要求做到快慢相间。

**二、发劲多**

发劲仍要求松活弹抖，而且发劲要做到劲断意不断，注意每次发劲之后要有接劲。同时注意发劲要发螺旋式的劲。

**三、跳跃多**

仍要坚持轻沉兼备，有上有下，避免飘浮。如手腿上升，而重心下沉，裆部下沉。并且要懂得跳跃震脚的作用，在于加大发劲部位的力度和整体劲。

**四、难度大，运动强度大**

由于上述三点，此拳与其他快拳区别很大，故有人云二路拳"易学难练"。结合单式锻炼，结合意念力锻炼，则更艰苦。所谓易学，因有了一路基础，重复动作多；所谓难练，即难以做到前三个特征中的特殊要求。正因为如此，所以二路拳的锻炼增长功力快。

**五、技击含义更明显**

因为发劲多，易分辨其用意。从第六式搬拦肘用法的分析，可以看得出它的技击含义比较明显。但是，不经过详细分解，仍不能掌握其技法的丰富内涵。

陈氏太极拳第二路前五式与一路前五式名称、动作、技击含义均同，故从略。

## 第六式 搬拦肘

**总述：**

除前五式系第一路拳前五式的重复拳式之外，此式是二路拳的首式，技击内涵非常丰富。一个式子，两个动作，三种练法，四种用法，五处可以发劲。《陈氏太极拳体用全书》上是四个动作，但左右各两个动作相反相同，实际上只有两个动作。一个是双手顺势掤，一个是双手顺势发。三种练法：即跳跃震脚发劲练法，蹉步发劲练法，不动步发劲练法。四种用法：包括敌人出双手进攻，我用绞截捌劲发之；敌人出右拳击来，我顺势走右下掤法；敌人出右脚踢我，我双手抓敌腿摔之；敌人后撤，我回击，用肩靠、用肘击、用拳击，用左腿使绊摔，或用双手反拿发之，均可。其实，用法还不止四种。五处可以发劲，包括肩靠、肘击、胯打、前臂下采、双手（拳）发掤、捌、拿及回击劲等等。有的太极拳家不知其肘劲内涵，只看到外形发拳击劲，而擅自把式子名称改为"搬拦锤"。而忽视了此式肘劲的重要性（读者注意：二路拳运用肘、膝的地方很多。因为肘、膝是太极拳的重型武器）。还有创编新套路的人由于不明其技击含义，把此式动作认为双拳都甩到右膝（或左膝）外侧，而不是一拳在中线，一拳在膝外侧。这样，便给了敌人靠击自己的机会，违背技击原则。如此一些错误动作，读者不可不仔细分辨之。

同时，读者在锻炼此式时，还要注意上述二路拳拳理拳法诸特征的生动体现。如动作一和动作二连起来观察陈式太极拳欲左先右、螺旋升沉、一蓄一发、往复折叠、轻沉兼备，以及发劲松活弹抖、"挨到何处何处击"等等原则。

另外，第二路拳还突出体现了太极八法中采捌肘靠四法的充分运用。尤其用捌劲（即分劲）较多。肘、膝撞击和肩胯靠击劲较多。并且强调以螺旋式的接劲，改变来力的角度，顺逆参半，闪展腾挪，化打结合，边随边击。

搬拦肘一式，不仅充分体现了采捌肘靠的运用，而其中又以发肘劲为主。

现将三种练法(用法)分别介绍如下：

第一种用法：

**动作一**：

设敌人从我身左侧进右步，用右拳向我左胸左肋或头部击来。我即乘势身先向右转再向左转，双手变拳由左前上顺缠略外开向右下捋里合以采、挒劲截击敌右臂，使敌击我之劲落空，身体前倾失势。(图306、307)

图306

图307

**动作二：**

紧接着我左臂屈肘，乘敌失势前倾欲撤之机，向敌胸、肋部横击。如敌人失势身前倾斜度大，则我右拳可同时击敌面部。至于我双手走圈大小，由敌人右拳来力之高低而定。敌人来手偏高，欲击我上盘，我则双手抡圆走大圈；敌人来手偏低，我则走低势小圈。随机势而应变。（图308、309）

图308

图309

第二种用法：

**动作一：**

设敌人从正面进右步用双手向我胸部击来，我身快速先左转后右转并略下沉，双手变拳，左拳顺缠、右拳逆缠，用双绞截劲向右下撅，左拳在腹前横击敌右臂；右拳由右膝略前上里合横击敌左臂。

**动作二：**

如果敌人失势欲后退，我则快速翻转以左拳横击敌右臂，右拳很快由胸前横击敌左臂。使敌双手击我之直劲被我双拳同时向左，再向右横捌劲截击而失势。

第三种用法：

**动作一：**

设敌人由我身左侧进左步，提右脚向我左膝、胯、肋部踢或蹬击，我即乘势身快速先略向右转并略上升再向左转下沉，双脚原地跳起再落地，以避敌右腿向我踢、蹬之势。同时我左手由左眼左侧前变拳先快速略逆缠略上扬，再顺缠略外开、下沉里合，以采捌劲向敌右膝下腓骨处击出，使敌下肢、腓骨被击失势身前倾。同时我右手由右眼右侧前方变拳，向右下沉至右膝外下，以配合左拳动作，以求动作协调和维持身体平衡，或双手抓住敌人踢来之腿向右下采捌。

**动作二：**

接上动作。我乘敌人右腿被击失势、身前倾未变招之机，身体迅速向左侧蹉步发劲。同时我双拳向敌胸前及面部击出，或配合我左腿套住敌右腿之机用左膝里扣敌右膝弯，结合上击，用里扣外翻之势，将敌从我左侧外摔出。

**动作三、四：**

动作及技击含义与动作一、二相反相同，体现左右并用。不论左发右发，都要注意肩、胯、肘、前臂及拳劲兼施。以体现"挨我何处何处发"之拳理。（图310～312）

图 310

图 311

图 312

以上动作均可作单式练习,练习运用螺旋式的折叠劲(来回劲)、横捌劲,以破敌人之直劲。即你直我横,你横我直(走螺旋式的直劲,非手臂发直)。以充分体现二路拳采捌肘靠近加膝,而且以捌劲为主的鲜明特征。

## 第七式　跃步护心拳

**总述：**

此式动作三、四技击含义与一路拳护心拳之动作完全相同。惟动作一、二为新动作、新用法。双脚腾空,快速向左后转体,是为了对付身左侧之敌人。转体过程中,要注意双拳上抢,以手领身,并注意转体时的肩、肘、手三节劲,以及中盘腰胯劲、下盘之膝、腿劲的全面发挥。读者还要注意,相对来说,一路拳以身带手的运劲方式多,而二路拳以手领身的运劲方式多。但从整体上仍要以丹田带动,腰为主宰。手仅仅起一个"引领"的作用。仍要体现脚蹬地为其力源,丹田、腰胯为枢纽,而手仍然仅仅是发力点之一。以体现太极拳整体作业的功能。

**动作一：**

接搬拦肘动作四,我刚刚击发了身右侧之敌,另一敌从我身左侧偏后进右步,用右拳(或掌)向我身左侧肩部、肋部或头部击来,我应非常机警地快速略左转,垫步转体,迅速将左肘掤起,以应来力,同时,手腕下折放松,以备应敌,眼神速转移向左。右拳也逆缠略向右下松沉,备用。此时,如敌来拳(掌)偏下,我迅速以双手接应,走右下捋劲,使来力落空。乘敌来劲落空失势,我迅速双脚腾空,向左后转体,抢起双拳下采,向左侧之敌头部、胸部猛击。腾空转体时,如距敌甚近,可以一边将双拳抢起,一边要以转体之势,用我左肩、左肘、左胯,靠击敌人。双手抢起的另一技击含义是：如我捋敌右臂时,敌左手向我头部进击,我即迅速以左手反拿敌之左手腕,右手拿(按)敌之左肘反关节,跳起来,加大力量,向左侧反击敌

左臂肘。(图313～315)

图313

图314　　　图315

**动作二：**

转过身来之后，敌人即在我前方或右侧，他以双手抓我右臂、肘、腕，施推按劲，我乘势双拳先掤后向左上引进，使来力落空，同时，我身体下沉，随即双腿跳起，左脚落地震脚，右脚向右前蹬击敌

人下肢胫骨，或插裆。此时双手上引，右脚下击，从而形成"上引下击之法"。(图316)

**动作三、四：**

与一路拳护心拳之用法同，略。(图317、318)

图316

图317

图318

## 第八式　跃步斜行

**总述：**

此式与第一路拳斜行之不同处，主要在前两段。此式用法可分作三段说明。动作一、二为第一段，系用欲左先右、欲上先下、双手一引一进、边引边击之法应敌之术；第二段，即动作三，为双脚跳跃，以加大双臂绞截之劲，为臂绞、膝击相结合的一种摔法；第三段为动作四、五,与第一路之斜行用法相同。此式三段用法,皆以腰劲为关键、为枢纽。开合要快,绞截要缠,手脚劲要相反而相合,才能运用摔法、打法和拿法。此式练习中易犯晃肩之病,读者一定要注意,肩一晃则气上浮,反而破坏了下盘的沉稳劲。

**动作一:**

接上式护心拳,敌人在我身左前方,用双掌抓按我双腕,我根据敌人左右手力量之大小、轻重,我双手一引一进,左手向里引进,右手向前发撩劲。敌人从而加大力量掤按我右手,于是我右手又收回(引进),而左手则下沉击敌裆部、腹部。此时,我还可以走左肩靠,与右拳配合合击,以配合左手下击之势。(图319、320)

图319　　　　　图320

**动作二:**

如敌人因失势而欲撤,于是我再以右手拿住敌之右掌,左臂上挑,可以左肘、左腕背击打敌之肋部、胸部,还可配合右手下采之势,走左右上下之斜向挒劲。此时,收右脚,也是为了助长左臂的上掤、上挑以及左肩的靠击之劲。如距敌人稍远,我可用左腕背点击打敌人之面部。(图321)

**动作三:**

设我与敌人各出右步对面站立，敌人用双手抓住我双腕或双手，或我双手抓住敌人双腕或双手，敌人欲将我双臂、腕、手绞住，使我转动失灵而受制。我即乘势身快速先向左转上升，再向右转下沉，左腿先顺缠、再变逆缠里转向左前之敌右腿后迈步套住敌右腿。同时右腿先逆缠（随右手上领）屈膝上提，用膝向敌裆内或腹部击出。如敌避开，我即身右转，腿收回跳下着地。同时我左手领劲，上翻里合，将敌右手绞于敌胸前略下贴住，使其右臂肘失去掤劲被压扁，身转动不灵。同时我右手顺缠上领，绞敌左手并向敌面部左侧击去。敌如避开，乘势领劲快速由中线下沉绞敌左臂手（将敌右臂手压住，左臂手绞住），再变逆缠向我右侧展开，牵敌左臂手，使其双臂手被绞住压扁，同时我右手牵敌左手腕，使其身前倾失势。配合下一动作四：左膝里扣敌右腿弯和左手向左外下沉外翻之势，将敌摔出。（图322～324）

图321

图322　　　　　　　图323

读者注意,凡是走里扣外翻之摔法,手脚之劲必相反相合,才可成功。又称对称劲,对拉拔长劲,都是这个意思。

作为单式锻炼,应着重练习这种双手上绞、双腿(膝、脚)下击之法。上下相随,快速交替使用,反复练习,方能奏效。

**动作五:**

用法同第一路之斜行式。略。(图325)

图324　　　　　　　　　图325

## 第九式　煞腰压肘拳

**总述:**

此式上肢动作,同第一路拳之海底翻花式。不同处:一是先走一个引劲,引而后发,右手先向左里下引,然后再向右上外翻、再下沉,发挒采劲。左手称劲。前后也可以发左肘里合劲,配合右手走摔法,或击敌右臂肘反关节。第二个不同处,即在于双脚跳跃腾空,转体,双脚落地,重心下沉,以加大右拳、右肘的下采劲,加大腰的旋转下沉劲。故称"煞腰压肘拳"。所以,练好此式的关键仍在腰劲的发挥。读者在练此式时要仔细体验"紧要处全在胸腰运化"、"枢纽在腰,反映到腕"以及"转关在肩,折叠在腕"等要领在实战中的运用。陈老师常说:"腰不得劲,全身不得劲。"又云:"肩出毛病,危及老本;胯出毛病,危及胸腰;上下左右,互为影响。"

图 326

图 327

**动作一:**

接斜行。设敌由我右前方进左步用双掌向我胸部及右肋部施按劲击来,我即乘势身快速先略右转再向左转下沉,以避敌人双掌击来之势。同时我右臂手由右肩右侧前先快速略逆缠变拳略上扬,再顺缠下沉经身右侧前用采劲截绞敌右臂手,将敌右臂手截开或绞住,使其劲落空失势。同时左勾手由左肩左侧前先快速略顺缠,略上翻,变逆缠里转,由敌右肘、腕上里合、下沉、下采、捌劲截绞敌右腕、肘部,使敌人被截绞受制,身前倾失势落空。(图326、327)

**动作二:**

接动作一,敌人双臂手被我双臂腕、肘以采、捌劲截绞受制失势身前倾落空。我即乘敌人未恢复身体平衡之机,身快速先略向左转下沉(蓄劲),再向右转上升再下沉发劲。双脚跟蹬地身腾空,向右转下沉着地震脚发劲。同时我右拳由两膝中线前快速以逆、顺旋转一圈,以右肘、右拳向敌头部或胸部击去。同时,我左拳在左膝左侧快速以顺、逆缠,由身左侧向

图328

左上翻与右拳形成对称劲。如敌人失势前倾,我左拳即向敌人左耳门击去。我双臂绞住敌人双臂,还可以走摔法。(图328)

## 第十式  井缆直入

**总述:**

井缆直入一式,是二路拳中较重要的一个拳式。采肘靠运用全面,而且技击之法非常精彩和有效。它的技击层次包括:(一)双手先引(引中有下采劲),然后右掌左肘同时反击;(二)右手反拿下采、左肘上挑肘、砸肘击,同时配合左膝撞击;接着(三)右手上兜,

左臂下采,上下相捯,上下相合,又是一个对称拿击反关节的有效捯击法。每一个步骤都是非常干脆、厉害的技击法。特别是动作三,一定要左手快速下采,右手快速掖拿,方可奏效。正如拳式名称所示:如同用辘轳绞水,水桶入井时,缆绳松活弹抖下沉之势。

图329　　　　　　　　　图330

**动作一:**

接煞腰压肘拳式,设敌人由我身右前进右步用双手抓住我右肘及右腕部,欲施按劲将我推出。我即乘势身向左转下沉,右拳先逆缠上翻,变顺缠里合下沉至两膝前下,施采劲,使敌人双手按劲落空,身前倾失势。同时左拳由左耳左侧逆缠里合向左膝外侧下沉,以配合右臂肘引进,保持平衡,准备反攻敌人。(图329、330)

**动作二:**

接上动作,我乘敌人双手按劲落空失势之机,即快速身向右转并上升,我右拳由两膝前下顺缠向左略下沉,再上起变逆缠,经身左前向上翻,将敌人右腕抓住,向外展开,使敌人身右侧露出空间。同时我左拳由左膝外下顺缠上翻逆缠变掌至左耳下准备以肘或手击敌右臂肘或身右侧。(图331)

图 331　　　　　　　图 332

**动作三：**

接上动作,我乘敌右腕被我牵住、身右侧暴露出空间之机。我即乘势身向右转先略上升再下沉,左腿提膝向敌人右腿后或向敌右胯、右腰撞击。敌如退右步,我即右手顺缠拧敌右腕与出左上臂一里一外、一上一下交叉,使其处于背势。同时我左肘(距敌近)上挑向敌头部右侧或右背部击去,距敌远,则用

图 333

左手逆缠,向敌腹、裆内或右肋部下插击出。(图 332～335)

关于挑肘动作,似乎违背太极拳拳理,因太极拳一贯要求是坠肘。坠肘一为了轻沉,二为了防止敌人拿我肘部反关节。而陈式太极拳二路中却有两处挑肘动作。即此式和穿心肘。陈老师解释:任

182

何事物都不能绝对化。此乃特殊情况特殊运用。井缆直入之挑肘,我左肘在敌人身右侧后;穿心肘我在敌人前下,此时敌人不可能反拿我肘关节,故此时挑肘击其要害,是可行的。此处之挑肘并且接连一个砸肘,左肘自下而上再走一个立圈,用过砸肘之后,再下沉击敌人右臂反关节和插裆采击,快速,一气呵成,使敌人无隙可乘。

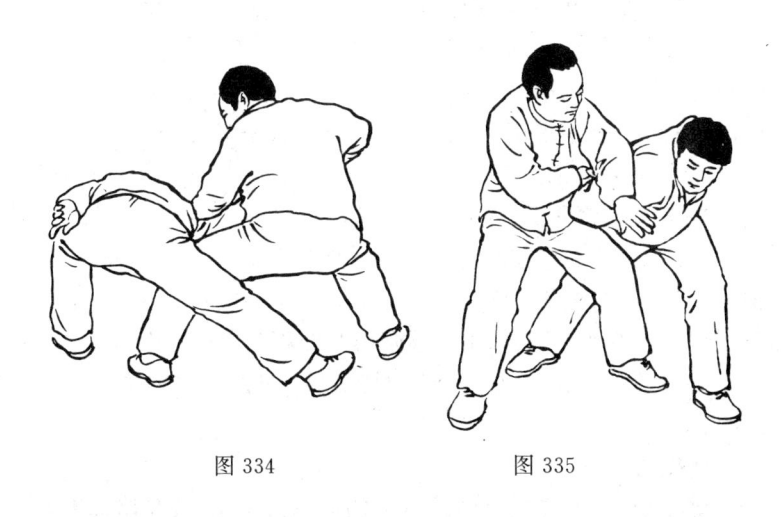

图334　　　　　图335

## 第十一式　风扫梅花

**总述:**

此式系一种摔法。以腰为轴,周身旋转如风车,依靠双臂一手拿其梢节,一手插入敌人腋下或裆内,一上一下翻绞,靠右腿旋转后扫,而把敌人摔出。接井缆直入,例如左手插入敌裆部,右手接应并反拿敌右手(类似闪通背之最后动作),然后左手臂向外上挑,包括左肩和左胯的靠击配合,右手向右后下采,双手形成一种螺旋浆式的绞翻,加上右脚向后扫击敌左腿,从而把敌人摔出。所以,身体旋转时切忌平行旋转,应该是活如风车,立体螺旋。但自身功力须纯厚,体力过人,方可如同"风扫梅花"般非常潇洒地奏其神效。

动作一：

接上式，敌人右腕被我牵拿，身向左转，右侧半身露出空间，这时我左手向敌人右肋部或腹部裆内插去，当贴近敌身时，左手坐腕逆缠向敌身右侧或下部发劲击出，同时我右手牵敌右腕向我右外上逆缠掤出，使敌右臂肘不得落下救援身右侧或下部被击之势。我身随向右转约 90°下沉，重心偏右。同时双腿以左逆右顺缠，以脚尖为轴，随身右转脚跟向左

图 336

前旋转平行着地发劲，如距敌近则用左外胯向敌右胯撞击，左手坐腕发劲击敌和双脚跟发劲要同时，劲整，加强击敌的力量。（图336）

动作二：

接上动作，如我左手向敌身右侧或下部击出，敌身略向右转，左脚向左前跨一步，避我左手击来之势，准备变招取胜。我即乘势身右转约 270°先略下沉再上升，重心左、右、左地移换。右腿以脚尖点地向右后划外弧扫击敌左腿，同时左腿以脚跟为轴，随身旋转，同时我右手牵敌右腕继续逆缠向右外掤出，同时我左手由逆变顺缠插入敌裆内，屈肘上翻里合，将敌用肩、臂扛起离地，配合右手上牵敌人右腕之劲，将敌扛起离地摔倒。虽然有靠肩扛的含义，但练习时绝不许拱肩。其实主要还在腰的力量。（图337、338）

风扫梅花一式，还有另一种用法。即当井缆直入走最后一动作时，突然另一敌人从我身后拦腰抱住。在敌人尚未抱紧之前，我左右手臂猛然左下右上斜向捌开，分开敌之合力。同时，以左脚为轴，右腿向右扫击敌人下盘，以腰为轴，靠周身之螺旋劲，将敌人向我

身右后摔出。(见一路闪通背最后之图)

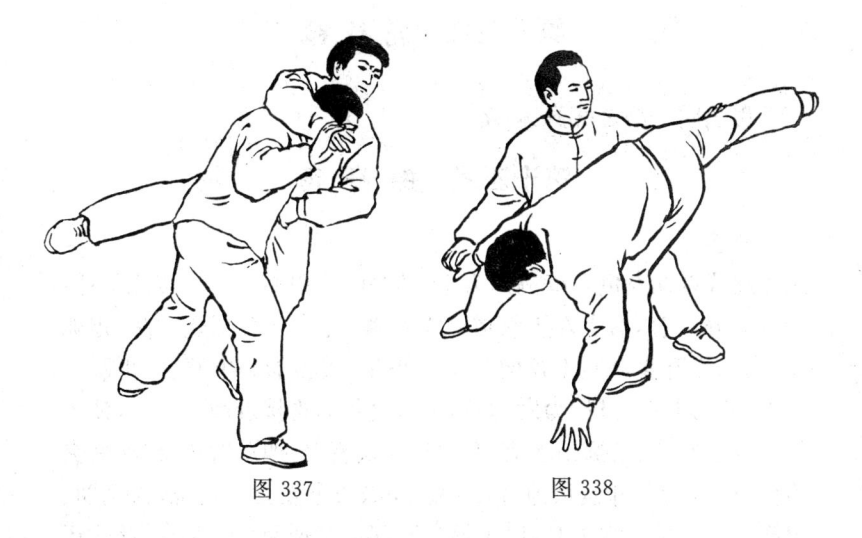

图 337　　　　　　图 338

## 第十二式　金刚捣碓

同第一金刚捣碓。接其动作五。(图 339)

图 339

## 第十三式 庇身锤

用法同一路之庇身锤,略。

## 第十四式 撇身锤

**总述:**

此式以向左侧发横挒劲为主。同样,先引而后发。接庇身锤,双臂一开一合,右上左下绞成一个小圈(注意开合都要走圈,走弧线,切忌直开直合),下盘向前蹉一小步,或再加一个开合,再蹉一小步,此乃上引下进,为发劲做准备,也是为再接近敌身一步,便于更有效地发放。发挒劲之前,要再有一次蓄劲,即双臂里合,然后突然挒开(合为了开),用前臂(顺缠)外缘或拳发劲,击打敌人之肋、腹部。故左拳不宜太高,以不超过肋部之高低为宜。另外,此式还可以走兜法,左右皆可运用。

**动作一:**

接庇身锤。设敌人由我左侧前进右步,用右拳向我左肘部击来,或进左步提右脚向我左肋部或腹部踢来,我即乘势身快速以腰为主宰,以左臂手先逆后顺下沉施采劲,化去敌人击来之拳或踢来之脚,使敌击我之劲被我采劲截击落空失势。同时我右臂手先顺缠略开,后变逆缠里合至左肩前,以保

图 340

护我身左侧;同时,也可以在左手下引之时,以右手(拳)进击敌之上盘。我蹉步是为了接近敌人,调整距离,以便更有效地发劲。另

外,准备挒敌右臂腕手。(图340、341)

图 341

**动作二:**

接上动作,敌人击我之劲被我采劲截击落空失势。我即乘敌人未恢复身体平衡之机,快速以右手顺变逆挒缠敌右臂腕,同时我左臂手以逆缠变顺缠向敌右肋部击出,双脚向左蹉步或震脚发劲与双拳分开击敌之劲同时完成。劲一定要整,爆发劲要强。如上挒劲与左胸靠劲、再与左膝里合劲相配合,从而形成上翻下扣之摔法。(图 342)

图 342

关于兜法,即我右手拿敌左手略逆缠,将敌左臂拿直,同时我左手伸展到敌左臂肘下,然后我左手走左上外挑捌劲(即兜势)与右手向右下外之采捌劲相配合,形成双手绞错劲,劲大可以将敌左臂肘部兜断。不可轻试。左右相反相同,均可做单式练习。关键在于双手发劲必须同时完成,并且必须把敌臂肘拿直再发放,这样才能有效。

## 第十五式 斩　　手

**总述:**

斩手以及下式翻花舞袖均为解脱之法。当然解脱并非消极解脱,而是化解与进击相结合,边解脱,边进击。接上式发撇身锤之后,我左手被敌人拿住,并施加推按之劲,于是我先向里下、右前采捋,引化敌人推按之力,走低势,使敌人来力落空失势。我乘势以左手腕背反击,并且配合右拳上提,右膝上提,准备与左手合力反击敌人。我右拳与左掌合力,形成所谓"斩手"之势,外形似以我右拳击我之左掌。而实战中则是我左手反拿敌人左臂,使他左肘反关节突出,以我右拳击其反关节。或以我展开之左手反缠敌之颈部,以右拳击敌之左太阳穴部。同时,以膝击其腹部、裆部。震脚一方面为加大我拳掌之合击力,一方面可以跺敌之脚,同时也是为求上下劲整。

**动作一:**

接撇身锤,设我左手腕被敌人拿住,敌人欲使我左臂腕受制而取胜。我即乘势身快速先左后右旋,左臂拳先逆缠略上扬变顺缠里合下沉施采捋劲以求解脱左腕被敌人擒拿之劲。力求使敌拿按我之劲落空失势。(图343)

**动作二:**

接上动作,设一:我左臂手先逆后顺缠施采劲下沉里合未能解脱被敌人擒拿的左臂腕;但敌人已感前倾失势,欲调整重心后退。

我即乘势身快速旋转，左臂腕快速以逆缠向左前上翻，以腕背还击敌人，同时右拳由右膝外旋转上翻，经头右侧至左手右上方，准备击敌拿我之手腕。设二：如我下捋时，我左手解脱，敌人落空失势欲后退，我即乘势身快速旋转，左臂腕快速以用腕背向敌人面部击去。同时我右拳由右膝外侧下向上翻，经头右侧至左手右上方，准备击敌。同时提右膝击敌腹、裆部。（图344～346）

图343　　　　　　图344

图345　　　　　　图346

**动作三：**

接上动作,设一:如我左臂腕由我前下旋转后再向左上提翻出,仍未解脱左腕被敌擒拿之势。我即乘势身快速旋转,我左手先略逆缠略上扬,再顺缠略向前下沉,使敌拿我左腕之手劲散。同时我右拳快速先顺缠略上扬变略逆缠向敌人擒拿我左臂腕的手腕以采劲击去,使敌拿我左腕的手被我采劲击伤而失势。同时我右脚乘机向敌人近我的脚面施采劲下沉跺去,将敌脚面跺伤。(图347)

图347

接上动作,设二,我左臂腕背部向敌人面部击去,同时我右拳已翻至左手右上方准备击敌。敌如身向右转,退右步,避开我左腕背击向面部的点击,并欲变招制胜。我即乘势身快速旋转,左手先逆缠略上扬,再略顺缠向前略下沉,缠住敌之颈项右侧,同时我右拳先略顺缠上扬,变逆缠向敌头左侧太阳穴或耳门击出,形成左掌与右拳合击敌头部之势。同时我右脚向敌左膝或脚面施采劲跺击。这样上下同时向敌人进攻,务使敌人失败。

此式用法类似形意拳进退连环中之"截手炮"。不同之处,我所有化打动作皆走螺旋劲。

## 第十六式　翻花舞袖

**总述：**

此式与斩手是一连串的解脱法。如斩手我招术施过之后,我左手仍未得到解脱,则采取以走身法来求解脱。当然,解脱之中仍包含击打之术。即依靠转体腾挪中双臂之捯击、肩靠、肘击、膝撞、胯打诸法，以解脱敌拿我左腕之势，此乃用身法（即大本营）运化解救梢节失势之术。

**动作一：**

设上式斩手仍未解脱被敌人擒住的左手腕，我身即快速向右转约45°，重心移偏左。运用抖劲，左臂先逆后顺缠放松，右拳以逆、顺缠合于左肘弯里略上。这是为了解脱被擒之左腕，而运用"欲左先右"、"欲开先合"之法。也是一种"你要我给，要多少给多少"欲要先给之法。左手可以发撩击劲。（图348）

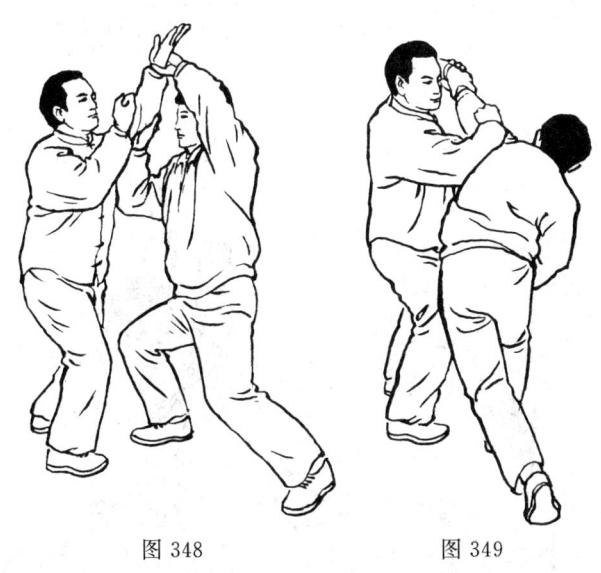

图348　图349

**动作二：**

接上动作，身快速向左转约180°，重心移偏右，双手以双逆缠运用左上提，右下斩（上下捯法），我右手可向敌人擒我左腕之手腕、肘部或胸、腹等部斩出，以求解脱被擒的左腕。（图349）

**动作三：**

接上动作，如在上提下斩时还不能解脱被擒住的左腕，这时就需要继续向左旋转,以身躯翻转腾空跃起约180°,进一步在转体中运用肩靠、肘击、膝撞、胯打诸法求解脱。双手领劲先以左逆右顺缠将身带起翻转之中,一旦手被解脱,我即乘势以双手向敌人头部或胸部劈下。(图350-353)

图350

图351

图 352　　　　　　　　图 353

此式还有一种技击含义,当我通过第一、二动作,左手腕已得到解脱,此时另一敌人在我右后从下盘扫我腿脚,我急转体腾空,避其横扫劲,翻转过来双手向下劈砍身后之敌。

## 第十七式　掩手肱锤

与一路闪通背后接之掩手肱锤用法相同。即当我双手下劈之时,如被敌人双手抓住,我走下沉分捯劲,双手掤开敌人双手,使敌人中盘暴露,我乘势双脚蹬地,身腾空,双手迅速再向敌人头部双耳门,或双手交叉向其胸部进击。也是一种先捯开后合击的技击方法。

其他动作,同前掩手肱锤,略。

## 第十八式  飞步拗鸾肘

**总述：**

此式类似一路之玉女穿梭，不同之处，此式最后（动作三）发一个左手拦截与右横肘的合击劲。故又称"腰拦肘"。前两个动作，主要是对付正面多人围攻我的形势，依靠冲右拳、劈左掌、蹬右脚、跨左腿，转体之中又可以走肩靠、胯打、上下配合，发出一种螺旋式的周身掤击劲，体现太极拳"挨到何处何处击"、"触处成圆"、"周身都是手"的浑圆功力。转体落步之后，又一个开合，以左手与右肘合力，击其肋，击其肘反关节，均可。读者还要从动作一的蓄式中体验蓄发并用的含义。

**动作一：**

蓄势，如我被三人包围，我欲击前方敌人，解脱包围，欲前先后，先退后蓄势，这是攻击敌人前的准备。其实，此动作也可作为发劲用。如接前式掩手肱锤，我发出之右拳腕被敌人右手拿住，并向我还击。此时，我右拳引进，同时我左肘里合，正好可以左肘打敌人右肘反关节，并可提膝可击他中下盘。（图354、355）

图 354

图 355

**动作二：**

接上动作，我左脚向前迈大步蹬地身腾空，右拳向前方敌人面部击去，在身随拳腾空旋转未下沉时，左手臂逆缠由左肋经胸前向左外之敌耳门劈去，然后身下沉双脚着地上下相合。这是冲出重围、声东击西、指南打北之法。同时，在转身时，走肩靠、胯打之法。（图 356）

图 356　　　　　　　　图 357

**动作三：**

接上动作，我身腾空旋转以右拳及左掌将前方及左侧敌人击退之后，双脚着地以右肘向我原来右侧敌人胸、腹等部击出，并以左掌合击之。（图357）

此动作又称"左拦右截之法"。还有"左采右截"之说。即转过身来之后，我左手采住前面敌人击来之左手，反拿之，右肘发横击劲，可以击打敌人左臂肘反关节。如此时，我以左脚套住敌人前腿，或插裆，还可以走摔法。

练习单式，可以左右肘发横截劲交替练习。

## 第十九式　运手（前三）

**总述：**

十九式（前三）、二十一式（后三）一左一右，皆为运手，前三，是向右打；后三是向左打，动作相反，用法相同。读者只需留意一下其连接动作用法之含义即可。

**动作一：**

接飞步拗弯肘，我以右肘向左敌之胸、肋、腹部横击，敌右转退右步，含胸坐腰，避开我右肘横击之势，并欲变招还击我。我即乘势身快速向左转约45°略上升，左手臂上掤，向敌面部击出，同时右手顺缠向敌人胸腹等部击去。

**动作二：**

设我刚刚将敌人击倒，另一敌人从我身右侧进左步用双掌向我右胸部施按劲击来，欲将我击倒。我即乘势身略向左下沉，左手继续逆缠上掤领劲，同时右手继续顺缠领劲引进。使敌人双手按劲落空。同时我右腿逆缠屈膝，脚提起向右侧敌人左腿裆内或腿后迈步，运用上引下进之法，准备将敌摔倒。

**动作三：**

接上动作，设我右腿插向敌人裆内或腿后，视距离远近，运用肩靠、肘击或右手向敌胸、面、肋等部击出。如敌退左步，身向左转，避我进攻之势，我即乘势左脚向右脚后插步，准备用右脚横向敌人右腿膝下胫腓骨踩割击去。

**动作四：**

接上动作，设我用右臂、肘、手及左手向敌面、胸、腹、肋等部击出，敌人退左步，身向左转，避开我右手进攻之势，同时乘机用右手挒我右腕，并用左手管我右肘，乘机用双手施按劲向我右胸肋推来，欲将我推倒。我即乘势身向左转约90°，重心移左，同时左手逆缠上掤向左前上领劲，右手臂肘悬臂下沉引进，使敌人双按劲落空，身前倾失势，同时我右脚向敌人膝下踩击。（图同一路运手，略）

## 第二十式 高探马

**总述：**

此高探马式，不同于一路之高探马，而略似一路之第二个三换掌。接前运手动作四，当我双手向左后击发左前之敌时，右前方另一敌人出拳向我冲来，我迅速右转身，以右手掤出接应来力，然后采拿敌右手腕引进，我左手进击；敌左手阻挡我左手进击之势，我左手再乘势引进其左手，右手击出。右手再次收回，左手再次出击时，右膝提起，配合左手进攻，以右膝击撞敌人裆腹部，形成上下合击之势。

**动作一：**

接运手动作四，设敌人由我身右侧进右步用右拳向我右耳门击来，我即乘势身先向左转，避开来击之拳，同时我右手由腹前逆缠上翻，由敌右臂外侧挒敌右肘腕部，借其来势向我身下引采，使敌身前倾失势。同时我左手变顺缠外翻，经头左侧向敌人右耳门或面部、颈部用掌外缘横击。（图358、359）

图 358　　　　　　　　图 359

动作二：

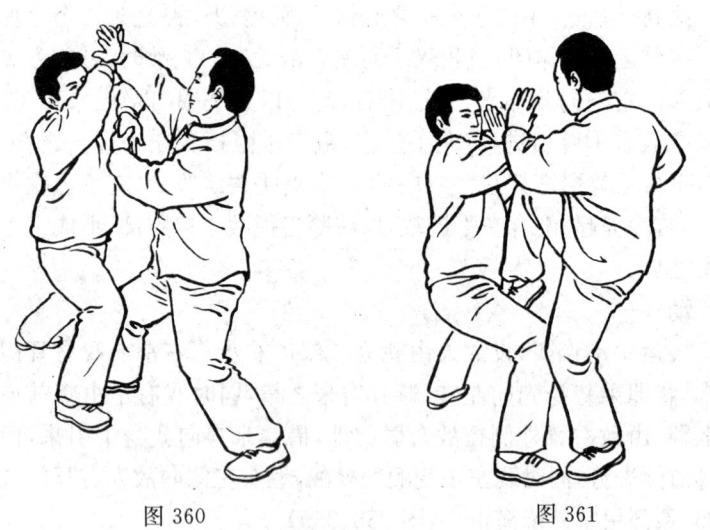

图 360　　　　　　　　图 361

接上动作，当我左手向敌人头右侧耳门及颈部击去时，如敌人

198

低头或闪身避开,并欲变招胜我。我应即乘势快速身略向左转,左手快速逆缠下沉里合,采截敌人右臂,使其右臂不得收回变招,同时我右手由胸前快速逆缠上翻向敌人面部或胸部击出。或者,当我左手进击敌上盘时,敌出左手掤我左手,于是我左手引进,右手再出击其胸部。(图360)

**动作三:**

接上动作,我右手向敌人胸部等部击出时,如敌人用左臂手或右手截我右手击去之势,并欲变招胜我。我即乘势快速身向右转,重心全部移到左腿,同时我左手由胸前逆缠上翻向敌人面部及胸部击出,同时我右膝、脚提起,可向敌裆内腹前撞击或踢去,使敌上下被击。(图361)

## 第二十一式 运手(后三)

**总述:**

此式动作及用法,皆同前运手。只是前进方向左右手法相反相同,但其连接动作的用法却有新的含义。

**动作一:**

接高探马,当我左手还击左前敌人时,前方另一敌人上左步,出右拳,向我头部或胸部击来。同时提右腿击我下部。我即乘势身快速右转下沉,右腿震脚,左腿逆缠向敌右腿后套去。同时,右手上翻由敌右臂肘外侧上方,将敌腕抓住或掤出;

图362

同时我左手顺缠下沉里合由敌右腿外侧截击敌人右肋部,或横截

敌人踢我之右腿。(图362)

**动作二：**

接上动作，设敌人被我右手上掤及左手将其右腿截击，身向左转后倾失势，如我还不想放过，即乘敌人未变招之机，身快速先向右再向左转，重心由右变偏左。视距敌远近酌情用左肩、肘、手向敌人肋部、右肩、头部捌击。同时右手先逆后顺缠，外开下沉里合至腹前，配合左手，以备左右交替使用。此时，右手也可以横切敌人之肋部。我右脚向左脚后插步，脚尖点地，又叫做偷步，是以进腿变化虚实，准备运用摔法。

**动作三：**

设敌人由我身左前方进右步用双掌施采劲向我左肋击来，欲将我击倒。我即乘势身向右转，重心变右，左腿逆缠里转，屈膝上提，用脚向敌人右膝或右肋部踢去。同时右手由腹前逆缠上翻，将敌右臂、肘、腕向我右侧前上掤出，用左臂手下沉里合以采、挒劲截击敌右臂腕，使其双手劲落空身前倾失势。这是运用右上掤、左下击，或左臂手截化，出腿击敌，使敌人上下难于兼顾。

## 第二十二式　高探马

用法同一路之高探马，略。

## 第二十三式　连环炮（一）

**总述：**

根据陈照奎老师讲，沈家桢、顾留馨先生合编的《陈式太极拳》将此式名为连珠炮，而把第五十八式名为连环炮，把两个名称弄颠倒了。此式应称作连环炮。

连环炮，又叫"铺地擺"、"贴地擺"。实为陈式太极拳之大擺法。此式主要锻炼一种低势采擺劲。本着欲前先后、欲上先下的原则，先掤后捋,向后下捋之后又变前按。按后再变掤,再变捋,再变按,往复折叠,交替练习。根据逢上必下,逢前必后的对称原则,手向前上掤出时,左腿后撤,腰下沉,上下、前后对称相合。撤步时上下前后相合;而收步时,又是上下左右相合,发按劲时,又是一个开劲。从而又体现了开合相寓、开合互变、开中有合、合中有开的要领。同时,在开合变化中还要注意胸腰折叠劲的运用。另外,此式前进后退,都要侧身而行。双掌推出时,左掌略立,右掌略横,形成手上的合劲。整个式子的动作都走低势,难度虽大,但易出功夫。

此式,在二路拳中列为三个式子(即第二十三、二十四、二十五式连环炮一、二、三)。说明此种用法之重要,要求反复练习。三个式子,动作用法相同。只是连接处,有其不同的含义。

连环炮(一)的用法(分三段):

**第一段:**

图363

接高探马之开式(即接一路高探马动作三)。设敌人由我左侧以左手抓住我左腕部,以右手管住左肘关节,双手用按劲、采劲,向我左胸部推来。我即乘势身右转下沉,重心略偏右。同时左臂手悬臂顺缠引进,右臂手配合逆缠向右膝外下沉,使敌人双手劲落空失

势。(图363)

**第二段：**

如我不欲放过敌人，身快速向左转，先双手上掤，腰下沉，同时左腿向左侧后撤一大步，然后我左手乘敌人失势劲断，逆缠里勾腕，顺势下沉变擓至裆前变逆缠上提抓住敌左腕。同时右手翻至敌左肘外侧与左手配合向左侧外擓敌左肘腕，使敌人左肘腕被我双手采擓，身右转向左前倾失势。(图364、365)

图364

图365

**第三段：**

如我还不欲放过敌人,身先略上升再略下沉,右腿先逆缠,屈膝提脚收回再蹬出,同时左脚尖擦地随右脚向右侧前逆缠上步以脚跟顿地发劲。同时我双手即乘机以右肘尖或双掌向敌胸肋等部击出。(图366~368)

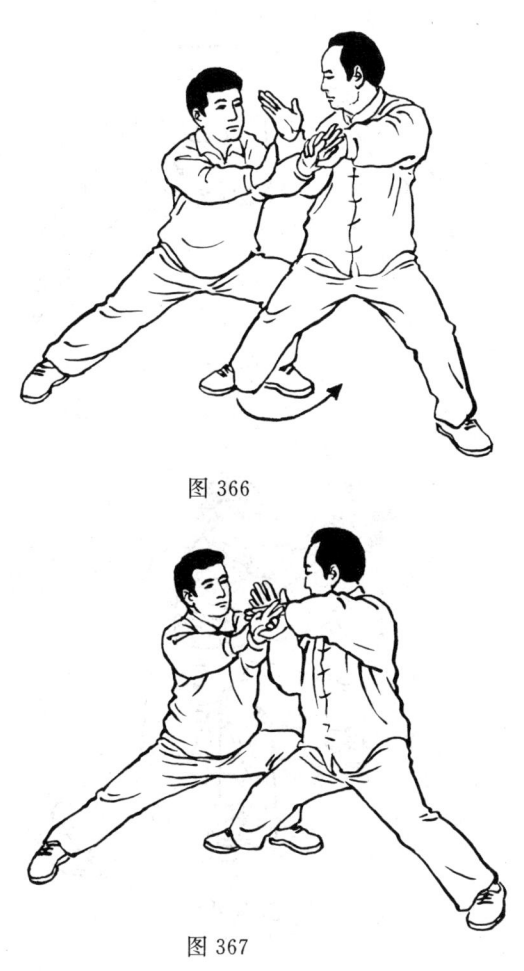

图366

图367

图 368

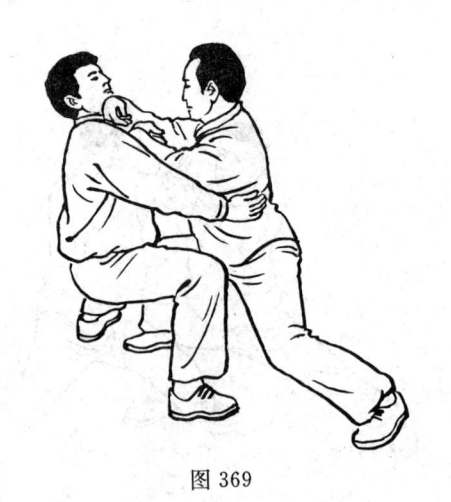

图 369

此式另一种技击含义,是当敌人从我前面双手将我搂住,欲将我抱起摔出。此时,撤步、塌腰,双手合劲以腕背向前上击敌人之下颏或面部,从而解脱。(图369～371)

图370

图371

再一种用法,如敌人以左手向我进攻,我双手抓住敌人左前臂,管住其左肘部,走左下捋式,当敌人失势前倾时,我再以双掌猛击其胸部、腹部,如他低头,我则双手击其头部。

在运用此式用法时,读者应注意,先掤后捋,前发后塌。发双掌前按劲时,应注意先走肘,再走掌。(实战时,用掌用拳可以随机变化)

## 第二十四式　连环炮(二)

## 第二十五式　连环炮(三)

以上两式皆同第二十三式连环炮,略。

## 第二十六式　倒骑麟

**总述**:

此式原名"张果老倒骑驴"。系一种打前防后,击前打后,运用旋体之势,对付前后敌人。特别是锻炼在一腿支撑的情况下,运用两手和左膝迅速迎击前后敌人,是一种特殊的技击锻炼。也是一种腰部功能的训练。

**动作一**:

接连环炮,设敌人由我右侧前方进右步用右拳向我右胸击来。我即趁势右手上翻由敌右臂外侧抓住敌右腕。我左手也配合由顺变逆缠,管住敌人右肘关节,上翻里合,与右手合成一圈,使敌右臂肘腕受制,身向左旋转倾斜,处于背势。(图372)

**动作二**:

接上动作,敌人右臂肘腕被我缠住,身左转倾斜,处于背势。如我还不想放过敌人,即乘势身右转90°,两脚拗步变成右实左虚,同时双手变逆缠向我身右侧外掤,并以左手粘连敌人右肘关节旋转不放,略向其腕部移动,继以左肘施捯劲横击敌右肘关节使敌右

肘被击身倾失势。（图373）

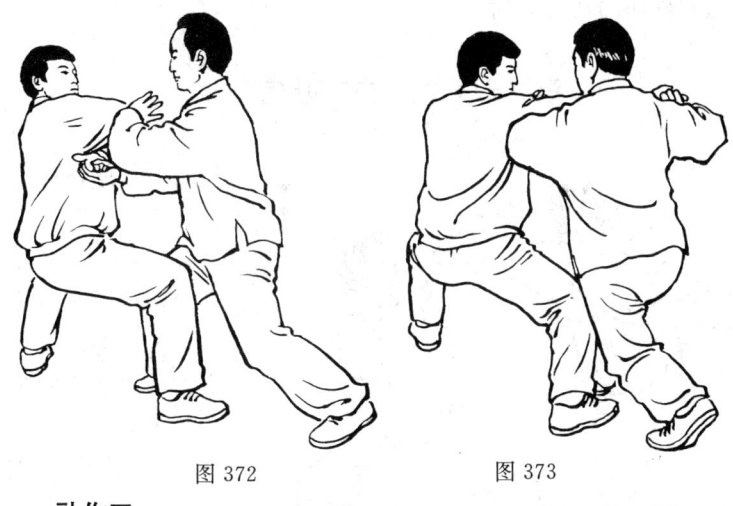

图372　　　　　　图373

**动作三：**

接上动作，敌人右肘关节被掤击身左倾失势，如我还不想放过敌人，即继续向右转，同时我右手向右牵敌右腕，使其右臂被我掤劲牵住不能收回变招。同时我左手及左脚提起，向敌人面部及右肋、右肘或右胯出击，或左腿用里合腿用脚向敌人后心踢

图374

去，形成左手引、右掌击之势。同时左腿屈膝里合上提，是为了对付前后左右之敌，转身是为了对付身右侧、身右后的敌人，利用里合膝，撞击敌之腰、胯、肋等部。总体上形成上盘双手开，而下盘膝里合之开合相寓之势。（图374）

207

转体时,切忌上身摇晃,否则周身劲散无力。关键仍在腰劲和右腿的桩功的功力如何。

## 第二十七式 白蛇吐信(一)

**总述:**

白蛇吐信,是一种采挒劲的锻炼方法。即一手向前上刺击对方上盘,一手下采(或向下引化)来力,形成下引上击之势。同时,其过渡动作,又是一种右上左下(接左上右下)的斜向分挒劲,将对方双手合力挒开,然后又一合,我再进右掌穿刺其咽喉部位或胸、肋等部位。边化边打,边引边进,先开后合,合而又开。练此式时读者应注意:第一,穿掌发劲时,或掤挒开对方双臂时,都要走螺旋劲;第二,穿掌前要提左膝,既为护自己裆部,又可用膝撞击其中盘,形成手膝并用之势;第三,穿掌既可用掌也可用拳。

图 375

图 376

实战时灵活机动。

**动作一：**

接倒骑麟,向左前蹬击时,右后敌人以右拳进击。我迅速转过身来,乘势以左手迅速掤住敌人右手,并反拿其腕,下沉,走左下采捌劲,将敌右手来力截化,采捌至我身左侧外,同时,我左腿上一大步,右掌向敌人咽喉穿击,并且以右脚跟步、顿地、配合右掌发劲。(图375～378)

图377　　　　　　　图378

当接倒骑麟转过身来时,还可以左膝撞击敌中盘。

## 第二十八式　白蛇吐信(二)

(接上式)我刚发出右掌之穿刺劲,敌人以左手掤截我右掌,避开我进击之掌。我右手乘势先将敌左手向右上捌开,然后借敌人左手向我掤截之劲,我右手臂突然引进(同时,可以采拿敌人左手),至我腹前,同时,左手扬起击敌面部。我左膝再提起以配合左手撞击其裆部。(图379、380)

此时,如敌人右手掤截我上击之左手,我左手再采拿其右手,下沉,走采捌劲,我右手再次以指尖穿击其咽喉部。一个循环,为一次"白蛇吐信"。下盘上步、跟步、发劲,同第一个白蛇吐信。

另一种用法,即我右手接敌右手,反拿其腕部,拿至我胸前,再提左手击其面部或右肘反关节,再采化敌右臂,腾开我右手穿击其咽喉。

图 379　　　　　　　图 380

## 第二十九式　白蛇吐信(三)

同前,略。

## 第三十式　转身海底翻花

**总述**:

此式用法,与一路之海底翻花式相同。惟连接动作不同,用法也不同。一路海底翻花,是双拳先合于腹前,再转身发劲;此式则是接白蛇吐信,双掌变双拳,先右上左下捌开,转身时再合。

**动作一**:

接上式白蛇吐信,我向前以右手指尖向敌人咽喉插去,此时,另外一个敌人由我后面进步用双手施按劲向我双肩或后心击来,我即趁势快速先向左转,双臂捌开(为了转身合),再向右后转,左腿先顺后逆缠，以脚跟为轴，脚尖里转后，五趾抓地。右腿先逆后顺缠屈膝上提。同时右手变拳以逆、顺缠领劲以挒、采劲向身后敌人右臂、肘、头右侧击出，再下沉，同时右膝上提向敌腹部撞击。同时我左手变拳以逆、顺、逆缠从左胯外侧向左侧开，再上翻里合，以维持身体平衡，或向敌右耳门击出。或双臂用绞截劲走摔法（敌人抓

图381　　　　　　　图382

我双臂时）。（图381、382）

另外，敌人从我身后搂抱我腰欲用摔法时，我也可运用此式用法，先身下沉，双臂挒开，以右肘向右后击，再转体解脱，再以拳采击。

读者锻炼此式时，如贴近敌人，要特别注意"转身肘"与"转身膝"配合的用法。

## 第三十一式　掩手肱锤

技击含义与第一路第四十三式之掩手肱锤完全相同，略。

## 第三十二式 转身六合

**总述：**

转身六合一式，系采取忽开忽合的技法，以求在开合变化之中顺势借力，造势借力。开为了合，合为了开。合也是为了打人，开也是为了打人。此式与下边"裹鞭炮"是一类用法，都是在一卷一放之中借力蓄力，借力发力。不同之处，两式比较，此式是小身法，开合幅度较小，"裹鞭炮"则系大身法，大开大合。两式连起来练，有利于开合劲的全面锻炼。但读者要注意：（一）或开或合，都要在螺旋中进行，切忌直线掰开，直线交叉。（二）四肢开合与胸腰开合相配合、相统一。而且强调胸腰开合带动手脚的开合。这些要领都是陈式太极拳技击术的重要特征。

**动作一：**

接掩手肱锤，设敌人在我正面，左脚在前，以双手抓住我双腕，右手将我左手腕扣于我左肋旁。左手将我右腕抓住向我右前方引，欲变招胜我。我即乘势先略向左转再向右转下沉。同时双拳先逆缠略外开引化敌人双手抓我双腕之劲，使其双手

图383

劲减弱或处于背劲。然后我双拳继续双逆缠里合，以左臂肘逆缠截敌右腕，并乘机以肘向敌人胸部击去，如距离稍近，则用下采劲以左拳向敌裆内采击。同时我右拳上翻里合向敌右耳门合击，如距敌

人稍远,则用右拳里合上绞敌人左臂,使其抓我右腕之手被绞截而处于背势。这样我运用右上绞,左下采,上下合击,使敌被击伤或处于背势。此处合时,还可以发左肩靠,即所谓"引中有靠"。如敌人抓我肘弯部,我还可以合肘之力绞拿敌之手。(图383～386)

图384

图385

图 386

**动作二：**

接上动作，敌双臂腕手被我绞击而处于背势，如我还不想放过敌人，我即趁势身微右转，重心偏右再移左。同时双拳先下沉施采劲(上下相合)，再向左右分开敌双臂，使敌胸腹部暴露而处于背势。(图387)

图 387

**动作三：**

身先略向左转再右后转，重心由右移左。左腿先顺缠外转，再逆缠里转。右腿先逆缠里转再顺缠外转(右脚蹬地，重心移左)，屈膝里合上提，向敌裆撞击。同时我双拳由两侧先略上扬双逆缠变双顺缠略外开并略下沉(这是为了加大合击敌人之力量)，再随身右后转，突然略上升里合，向敌两肋、腰两侧合击。边转体，边合臂，边

214

图 388

图 389

合击。在提膝转体时,右腿还可以扫击敌人之左脚。(图 388、389)

转体有两层技击含义,一是为了击打前方之敌,一开一合一旋转,靠转体时肘、膝、拳的螺旋捯劲击打正面之敌人;二是为了转过身来以右肩、右肘发螺旋后靠劲,击打身后敌人。

## 第三十三式 左裹鞭炮（一）

**总述：**

此式只有两个动作，一合一开。动作一是合，是蓄势，双臂交叉逆缠里合，下沉，是"裹"，是"卷"，一定要合紧，卷紧。言为"蓄势"，是与下个开的动作相对而言。其实双拳、双臂交叉里合下沉之势，也是一种绞截敌双臂、进击敌胸部之技击术。动作二，则是开，是放，是发劲。发放时，要做到周身放劲，如突然抖开钟表发条，又松又有弹性，故称之为"松活弹抖"，胸、背、胯、膝、肩、肘、手都可以发劲，挨到何处何处发。当然，双臂开时，以走横捯劲为主，主要是捯击敌人之两肋。故双拳捯开时，不宜过高。并且强调开合都走螺旋劲，逆合顺开。所以这一合一开两个动作，如同裹爆竹和放鞭炮两个步骤一样，裹得越紧，鞭炮燃放时则越响，爆发力越大。

图390　　　　　图391

反过来说，开又是为了合。如敌人抓住我两臂施按劲，里合劲，我两臂展开，为了加大敌人的里按里合劲，于是我突然借用敌人这种里合劲，双拳、双臂交叉，向前下沉，以双拳、腕背、臂肘击打敌人已暴露的胸口,以及腹部。所以说,开为了合,合为了开,合、开都可以打人。此乃太极劲之阴阳妙用也。

此式在用法上是多种多样的,读者可以细心体悟。除了上述用法之外,还可以双拳左右开弓,左右跨步,对付多人围攻;一合一开,还可以解脱敌人之搂抱等等。

另外,蓄劲时,要注意丹田气下沉,内气蓄足,然后内气走裆,走命门,气贴脊背;放劲时,内气鼓荡,丹田带动,劲走三节,节节贯串。拳论云"聚如婴儿,发如闷雷","周身柔软似无骨,忽然放开都是手"。此式体现最为清楚。(图390、391)

## 第三十四式　左裹鞭炮(二)

图392　　　　　　图393

**总述:**

此式如同上式也是一裹一放。动作一、二、三连接起来,接上式动作二,双拳由"开"变为双手向前上交叉双逆缠下沉合,同时将右

217

足提起下落在左足的左侧前边震脚,使双拳交叉向里裹起来。这又是一"裹"。此时双臂里裹,具有下沉劲,脊背亦须掤劲,作到气贴背,使周身具有十足的蓄劲之势。接着快速以腰为主宰结合丹田带动,双拳虚握,快速地先双顺缠向前放松,再双逆缠向里略偏右下沉,结合胸腰折叠开合旋转,再向左右两侧并微向后发出挒劲,同时双脚向左侧蹉步发劲,这又是一"鞭"。(图 392～395)

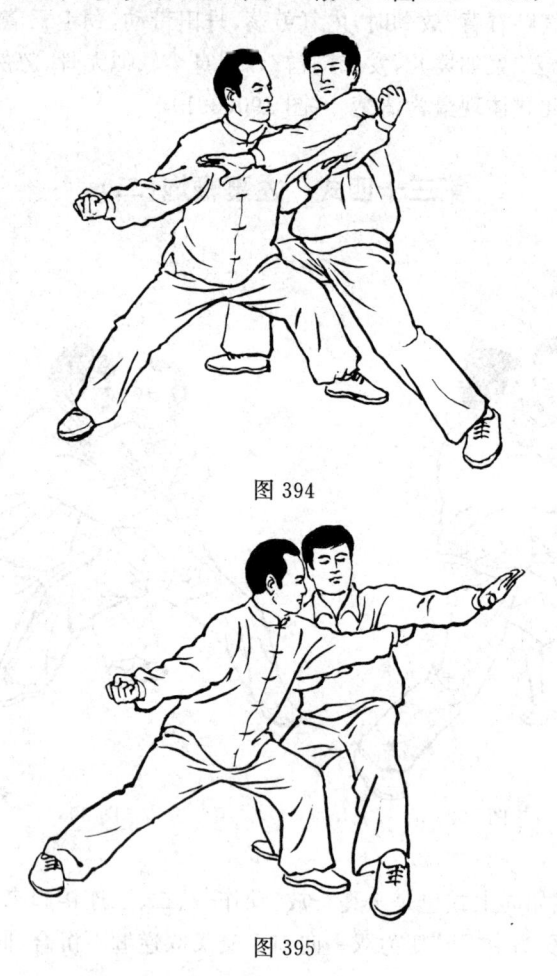

图 394

图 395

这是一个既是"走",又是"攻"的以一人对付多人的群战拳式的技击方法,在敌群中,可快速连续发劲,寻隙向左右之敌进攻。

关于丹田内转与此式的开合关系,应该是:合时,丹田向里后右转;开时,丹田向前左转;定势,再向右略转。胸腰也如此右左右往复折叠运化,此可谓"一波三折"的弹抖劲。

## 第三十五式  右裹鞭炮(一)

**总述:**

右裹鞭炮(一)、(二)两式,均同左裹鞭炮。为了标示此式的重要功能,要求读者多次练习。一种技击法,列为四式。"左""右"之分,系按原来站的方位而言,其实前两式向左打,转过身来,也仍是向左打。

此式区别于左裹鞭炮者,即多一个向左后转体动作。即动作一:本着欲左先右的原则,在向左后转体之前,身先向右转,也是一种蓄势,或引势。如左后敌人按我展开之左臂,我先右引,再向左后发;或敌人双手抓我双臂,我双臂先边合,边右转,将敌人双臂绞住,再向左后发挒摔劲。左腿随转体向左后横扫半圈,是为了横扫敌人下盘,破坏其根节,与双手配合,上下相合,上合下开,横摔敌人更为有力。(图396~400)

图396

图 397

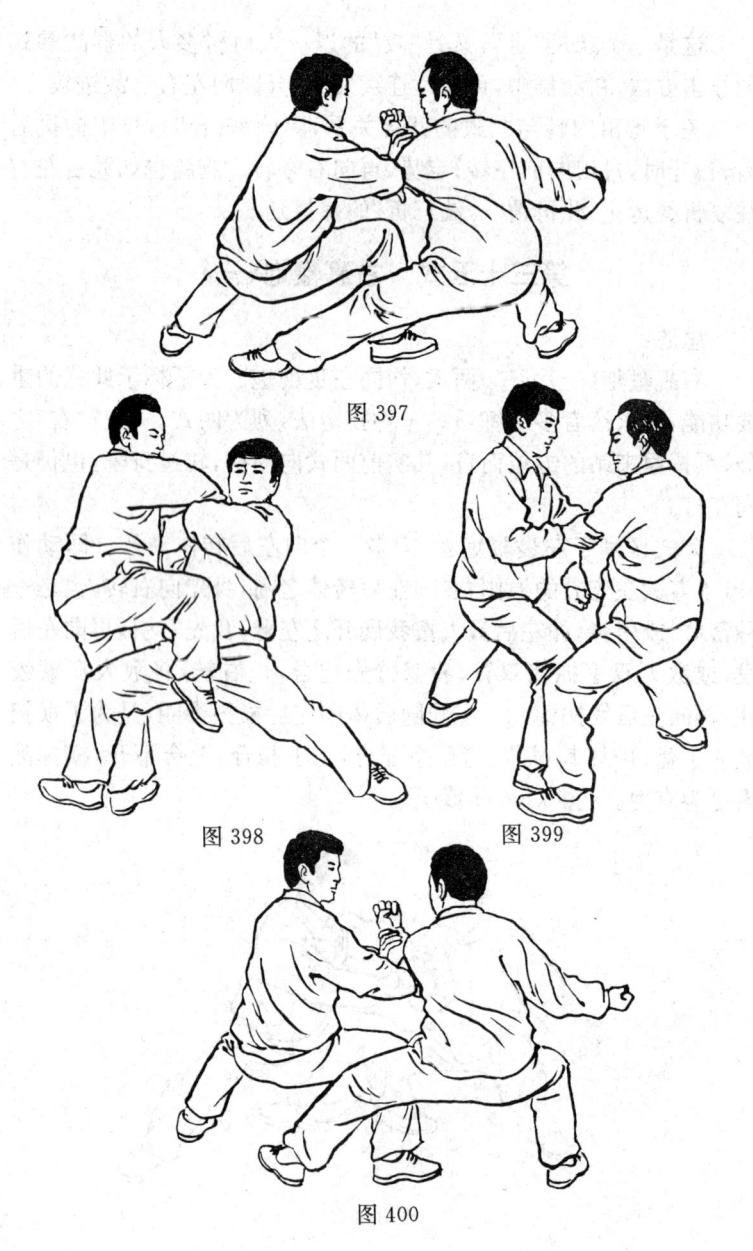

图 398

图 399

图 400

220

## 第三十六式　右裹鞭炮（二）

**总述：**

此式与上三式基本相同，惟可以练习横向跳跃发劲，向左横跃时，要表现出沉着不浮，轻沉兼备，边跃边攻，一裹在跳跃中完成，脚一落地马上开，不可断劲。跳式练法，是为了边跃边打（包括靠、挒、肘、拳诸劲），对付众多之敌，以跳出重围。

## 第三十七式　兽　头　式

**总述：**

此式又是一个退中有进，化中有打的拳式。双拳一引一进，手脚一进一退。退右步出左拳，退左步出右拳。而且要求退步顿足与拳臂发劲完全对称一致，胸腰运化如龙似蛇，而手足上下发劲完整一气。其技击含义总的讲，是敌人抓我双手腕，来势凶猛，施推逼劲。我被抓之双腕，根据对方双手来力大小之不同，化一个，进一个，一收一放，一引一击，同时以退为收，上下配合，步法是退，手法是进。从外形看，使敌人感到我在退却，但我心中有数，而是步退拳击，而且往回撤退的脚走里弧，为了勾挂敌人的前脚，使其失去平衡，而趋背势。但自己一定保持退步沉稳。上盘发拳有力，而且皆走螺旋缠绕之劲，解脱敌人的抓拿与发力统一于一个螺旋动作之中。正如陈鑫所云："虚笼诈诱，只为一转。"当然转的总枢纽仍在胸腰。

**动作一：**

设敌人以双手抓住我双手腕，而且距离很近，这时我即乘势身快速先向左再向右转，重心先右后左。双手先双逆缠分化敌人双手臂，再变双顺缠，以右拳自敌左腕外侧缠绕其腕部，使其左手背被我缠截处于背势。同时我左拳由肋部屈肘顺缠至腹前，使敌右手背被我缠截失势。这时我右手臂顺缠下沉收回,使敌身前倾失势,同时我左臂肘、拳由我右臂上向敌人面部、胸部击去。同时我右脚顺缠退后一大步,脚跟顿地发劲。这是以退为进,以守为攻的击敌之法。凡是与敌距离过近时,均可退一步,同时以一拳或双掌向敌人胸部、面部击出(此处敌若抓我左腕,用法相同,左手被抓,右拳掤击,以解脱左手。同时,右手被拿,左手发劲,以解脱右手)。(图401、402)

图 401　　　　　　　　　　图 402

**动作二:**

设我退右步以左拳向敌人胸部、面部击去,被敌人施采劲截断,敌人欲变招胜我。我即乘势,身快速先向右再向左转,重心由左变右,我左拳先逆后顺收回至腹前,右拳同时由左臂拳上向敌人胸、面部击去。同时我左脚走里弧,向左后退一步,顿步发劲(将劲力反射到右拳上)。这还是调整距离、以退为进的击敌之法。(图403、404)

另外,读者注意,向前发拳劲时,用意不只在拳,而且包括拳、腕背、前臂和肘的劲力。所以,发出之前臂一定要保持半圆。

图 403　　　　　　　　图 404

## 第三十八式　劈架子

**总述：**

所谓"劈架子"，其含义本来包括下势"第二个翻花舞袖"。此式系挑击法，下式为劈击法。左上挑、右下劈，又是一组对称拳式。此式又与一路之"野马分鬃"相呼应。都是一种分捯劲。一手前上挑捯，一手后下采捯。野马分鬃一般不发劲，此式则必须发劲。而且大开大合。练习者，往往注意其开劲，而忽视其合劲，读者注意，在发放左臂挑击劲之前，必须走一个"合中再合"的合劲，发放时才更脆、更猛、更有力，可做单式左右反复练习。

**动作一：**

接兽头式，设敌人由我前方进右步用双掌向我胸部施按劲击来。我即乘势身快速先略向左转再右转下沉，重心移偏左。同时双拳变掌先双顺缠略右上、左下捯捯开，以试探对方的劲路，也可以走右手撩击，左手引进。然后再变双逆缠，左手上捯敌右臂，右手下沉截分敌左臂，同时略收右脚，备用。使其敌胸前中部露出，我再乘势变招取胜。（图405～407）

图 405　　　　　　　　图 406

**动作二：**

接上动作，设敌右臂被我左臂手掤起，如敌右手加大对我左臂的按劲欲将我推出取胜，我即乘势身快速向右转下沉，我左手顺缠

图 407　　　　　　　　图 408

里合下沉,引来力至两膝前,使敌左手按我之劲落空而身前倾失势,我右手逆缠上翻里合至左肩前,一是保护我部左侧,同时可用扑面掌向敌面部出击,形成左手引、右手击之势。同时我双脚右先左后蹬地跳起,右转下沉,以左腿插裆或套敌右腿外侧,视情况准备乘机击打或翻摔。(图408)

**动作三：**

图409

图410

图411

接上动作,设我已接近敌人,如仍未近敌身,我可以再加一个小蹉步,同时双手也再走两个小圈,再蓄一次劲。然后,如距离已贴近敌身,我就用左肩向敌胸、肋、腹部靠击;如我左腿已套敌人右腿,则可以左膝里扣,左肘外翻,走里扣外翻之摔法。距离若稍远,则用我左手及前臂挑击敌下颏。如我左手下沉上挑时,已插进敌人裆

部,则走撩裆或挑摔法。(图409～411)

读者注意,动作二与动作三连接处,即左臂向右前下引、右臂向左前上合,双臂交叉后,在发劲(动作三)之前,要再加一个"合中之合"的合劲,即卷得再紧一点,然后再发放,则发劲效果更佳。

## 第三十九式　翻花舞袖

**总述:**

此式与上式劈架子相呼应。如作为连接动作,即设上式当我挑击敌人得势也好,失势也好,可以紧连运用此式击法。如我得势用挑击法,或用上挑捌、下里扣(上翻下扣)之摔法,将敌人打翻在地。我可以跳起来,调整步法。双掌再向敌人劈击,一挑一劈,可谓连环击法。又如上式挑击我失势,我可以跳起来,调整步法,再自上而下向敌劈砍,即乘我上挑、敌人下沉之势,迅速将身法调整过来,顺势向下劈击,或可转背为顺。

具体动作用法分解:接上式劈架子,设敌人在我右前,左脚在前,以双手抓住我右臂肘,施按劲欲将我推出。我即乘势左手先略逆缠上掤使敌判断失误(欲下先上之意),再顺缠里合下沉,走捋引劲,使其按劲落空,我即乘势双脚蹬地,身腾空跳起,双臂手经身右侧及头右侧上领劲上翻,向敌人头部及肩背等部下沉劈砍,同时发双震脚,以助手臂之劲。(图412、413)

图412

图 413

## 第四十式　掩手肱锤

同前,略。

## 第四十一式　伏　　虎

**总述:**

伏虎一式与下式抹眉红,从总体讲是相呼应的一组技击法。伏虎为抹眉红的蓄式。蓄而后发。如灵猫捕鼠,在它前扑之前,有一个收缩式的蓄势。抹眉红之技击用意在于冲出群敌包围,此式即为猛冲前的准备。当然,一些具体的细小动作,还有它的具体用法含义。比如其动作二,双臂沉翻动作,就含有三层用法的含义。第一,右拳下沉外翻,含有右拳肘捌击敌人胸腹的含义;第二,我左臂里合,又含有向敌右侧面部、肩部、后心击打的含义;第三,我左臂里下合、右臂外上翻,又含有绞截敌左臂的技击用法。

具体动作用法分析如下:

动作一：

接掩手肱锤，设敌人在我身右侧，以右手抓住我右腕，并以左手抓住肘关节，双手施按劲，欲将我向左方推出摔倒。我即乘势身向左转略上升，右腿以脚跟为轴，脚尖里勾、贴地向右后方蹬出。同时我右拳先逆后顺缠向右前上，再里合到两眼中线前上方引进，使敌人双手按劲落空失势。同时我左拳由左肋部先逆后顺缠，先略外开略下沉，再向左前上与右拳相合，以维持身体平衡。这是上引下进之法。（图414、415）

图414　　　　　图415

动作二：

接上动作，设敌人双手按劲被我上引下进而落空，身前倾失势，这时我应乘机以右臂、肘、拳逆缠下沉外掤，以右肘尖向敌胸、腹等部横击。如敌人左转、含胸、塌腰避开我右肘击出之劲，我即乘势以左臂、肘、拳里合向敌面部右侧、右肩及后心击出。也可以右臂、拳由敌左腋下穿出上掤里合敌人左肩，乘机将身贴近敌身，同时我左臂拳里合下沉施采劲截敌人左臂手。运用右臂拳上掤里合敌人左肩，及里合下采截敌人左臂肘之劲，同时运用腰胯之劲将敌人向我左前下方摔出。（图416、417）

图 416　　　　　图 417

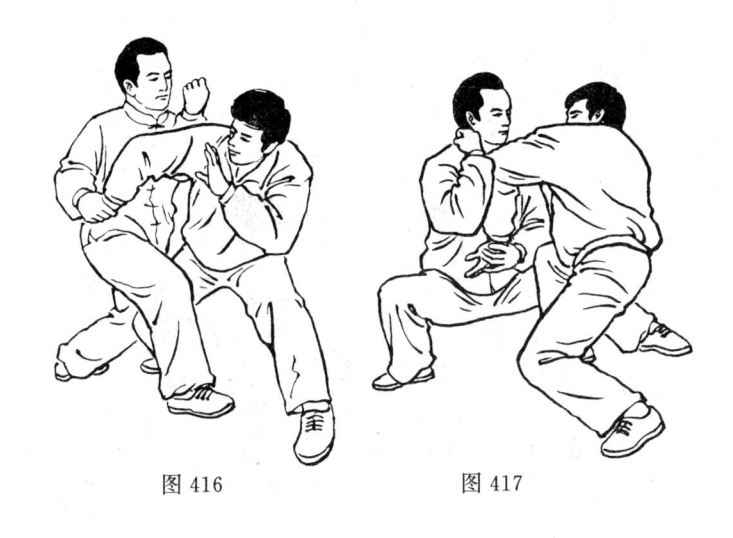

## 第四十二式　抹眉红

**总述**：

抹眉红，顾名思义，是一种掌击法。冲出众敌包围也好，对付前面一个敌人也好，都是以右掌穿击，并靠身体腾空旋转，而右掌向敌人面部是先穿后抹（挒）。当然，在腾空转体过程中，肩、肘、膝、胯，都可以发劲撞击敌人。类似玉女穿梭、飞步拗弯肘等式之用法。

**动作一**：

这是一个人对付多数敌人，右拳变掌，身腰下塌，眼神机警，准备突围之前的蓄势。（图418）

**动作二**：

设我突围，采取的方法是在进攻中求解脱，而不是被动的逃跑。这时我要乘机选择较弱的敌人，以右掌逆缠坐腕（视距离远近），以肘或掌向敌人头部击去，同时以身腾空向敌人冲去，在冲击腾跃时，要以肩、背、胯的靠击劲，肘、膝的撞击劲，腿脚的踢蹬劲，以及右掌的推击劲在旋体中一齐发出，以凶猛之势冲出重围，以利

图 418

图 419　　　　　　　　图 420

再战。（图 419、420）

此时，左肘也可以随转体，发挥其横击肘的作用。

230

## 第四十三式 右黄龙三搅水

**总述：**

陈照奎老师传授的黄龙三搅水不同于其他人的练法。一般练法是小步左右移动，手臂走小圈，谓之一引一发，或云此是"单臂应敌"等等。皆不得要领。陈照奎老师所传此式有独特的练法和用法。走大身法，走低势，左右旋转180°，确有巨龙搅水上下翻腾之势，既潇洒，有气势，又有丰富而厉害的技击内涵。读者在锻炼实战用法中要重视此式的重要作用。

此式的主要用法，是走身法的肘击、肘拿的捌摔法。接抹眉红，敌拿按我掤出之右臂，我先以右臂引进，敌人落空，然后我反拿敌人右腕，回身以左肘猛击敌人右臂反关节，下盘我右腿插其裆，左腿横扫其前腿，连击带摔。这是先向左引右搅，然后再右引左搅。后者更厉害，即当我向右搅过来时，敌人左臂插入我右腋下欲击我肋部。我先掤，再以右肘夹住敌左臂，猛向我右前方搅，即以我右臂拿住他左臂的反关节，猛向左搅，敌左臂必受重创而失势。左右黄龙三搅水用法相同，惟方位相反而已。

图 421

动作一：

分作以下四段讲解：

(1)接抹眉红,设敌人由我右侧上右步,双手推按我右臂(或以左脚向我右肋、右胯踢来)。我乘势右臂先掤后沉引进,右脚撤回左脚旁(如敌用脚,此动作可以用右手下采截其腿脚,右脚收回以避其脚)。(图421、422)

图422

图423

(2)当敌人从我身右侧以双手抓按我右臂时,我下沉未能解脱,我右手继续里合悬臂向左上引进,同时,右腿逆缠向右前迈步以脚跟里侧着地,脚尖上翘里合,以形成上引下击之势,以求进一步使敌人双手按劲落空,身前倾失势。(图423)

(3)接上段,设敌人双手按劲落空,身前倾失势。我即乘势向右转约180°,右腿顺缠,以脚跟为轴,脚尖外转约180°着地踏实,左腿逆缠,脚提起转前扫于右脚左前方,同时右手臂、肘、手视距离敌人远近而灵活运用,距敌较近,则用右肘尖向敌人胸部击去;距敌较远,则用右手向敌面部击去,如我右手反拿敌右手,此时,还可用左肘里合击其右肘反关节,配合左腿前扫,肯定可以使敌失势。(图424、425)

图424　　　　图425

(4)设敌人在我面前,以左臂、肘、手插入我右臂里侧肋部,乘机欲进左步、身右转运用左臂及腰胯之力将我向左前方摔出。我即乘敌人未变招之前,身向左转约180°下沉,重心由右移左。右腿逆缠里转,左腿顺缠向左后走外弧后扫一步,同时右手先略逆缠略外开变顺缠下沉、里合,将敌左臂、肘夹在我右肋部,使敌左肘被我截绞上托疼痛而失势。(图426~429)

图 426

图 427

图 428

图 429

**动作二、动作三：**
其技击含义与动作一(2)(3)(4)段相同,略。
**动作四：**

图 430

设敌人双手抓住我右臂肘,施按劲欲将我向左侧后推出跌倒。我即乘势身先向左转再向右转下沉,两脚跟蹬地,身腾空跳起并调整步伐,下沉震脚发劲。同时我右臂手以顺、逆、顺缠,先向左后旋转再上翻,经头左侧上向前下敌人面部施采劲劈去。同时我左掌以逆、顺、逆缠,向左侧略下沉外开上翻,经头上左侧向敌人头部击去,敌人头部被我双手下沉采劲劈击必然失势。(图430、431)

图431

## 第四十四式　左黄龙三搅水

与右黄龙三搅水用法同,惟方向相反。略。(图432～435)

图 432

图 433

图 434

图 435

## 第四十五式　左 蹬 脚

**总述：**

　　左右蹬脚用法与一路拳相同。但其过渡动作有新的含义，读者要注意。如左蹬脚接左黄龙三搅水时，有收左腿出右腿，收手又掤开、再收回之动作。是为了掤化敌人来手、来脚之势。右蹬脚,转身下沉,是为了调整方位更接近敌人变右脚蹬击之势。具体分解如下:

**动作一:**

接左黄龙三搅水,设敌人在我身左侧快速进左步、用左拳向我头部左侧或肋胸等部击来。我即乘势身略向左转下沉,右腿逆缠,以脚跟里侧向右贴地铲出,同时双手由两膝前向上逆缠掤起,再分向两侧前展开,这是以左臂手将敌人击我之左拳向左外掤开。

**动作二:**

接上动作,设敌人左拳被我左臂手掤开,随即身略向左转,提右脚向我左腰胯踢来。我即乘势身向右转。左腿以脚尖贴地跟步并于右腿旁,同时双手由两侧前上先略逆缠略开变双顺缠下沉里合,以左臂手下沉施采劲向敌人踢我之左腿的腓骨下端采击,也是引化之法。

**动作三:**

接上动作,设敌人左腿被我截化落空,还想继续变招,我即乘势身快速先向右下沉,再向左略转升,重心在右。左腿逆缠提起向敌人左腰肋横蹬击去。同时双手变拳分向两侧掤出,以左拳向敌人头部右侧击出,这样左拳与左脚同时

图 436

向敌上盘和中盘进攻,使敌人难以防备。(图 436、437)

图 347

## 第四十六式　右蹬脚

**动作一：**

接左蹬脚，设我左拳、左脚向敌人进击时，敌人退右步、身右转，避开我蹬击之势。我乘势身左转180°，下沉；同时双拳由两侧下沉、里合，双前臂交叉合于右膝前，这是运用拗步接近敌人，是蓄势。

**动作二：**

图 438

接上动作，当我运用拗步身左转，重心移左，蓄好劲后，乘敌人身右转退步,尚未变招之机,我即乘势快速身先向左转并下沉,重心在左,右腿逆缠屈膝里合提起,以脚踵向敌左腰肋蹬击,同时我双拳运用抖劲向两侧发劲,以右拳向敌人头部左侧击出。这样右拳与右脚同时向敌人上、中盘击出。在拳、脚将发未发之际,要注意肘与膝的运用。(图438、439)

图439

## 第四十七式 海底翻花

## 第四十八式 掩手肱锤

以上二式用法皆同前,略。

## 第四十九式 扫蹚腿(转胫炮)

**总述：**

此式与第一翻花舞袖,是二路拳中最难做的两个拳式。前者是双脚腾空转体,此式则是以右脚为轴,左脚贴地横扫旋转450°。有的拳术中扫蹚腿,是一手扶地而旋转,此式则是双手反拿对方右臂,不可扶地。有的传人因此种练法较难,于是将此式改为左右脚各扫半圈,虽然减轻了难度,但从严格锻炼要求看,这种"改造"并不可取。读者应从难从严要求自己,下功夫掌握它。而且要走低势,圈扫大,上身不晃。锻炼的关键,一是腰的力量,二是右腿的功力,三是在扫的过程中,始终气下沉、重心下移,左腿的用力点放在小腿与左脚的里侧,轻轻擦地而旋转,一气呵成,中间不可停顿。右脚可先以脚跟为轴,再以脚掌为轴,要左右交替反复练习。

**动作一:**

接掩手肱锤,设我刚用右拳将前面敌人击倒,这时另一敌人从我身右后方以右拳对我偷袭。我即乘势身先略向左转略上升,右拳由右肩前方先逆缠旋转略上扬以掤化来力,或反拿敌右手腕,里合变顺缠下沉至腹前。同时左拳由左肋部逆缠下沉经左胯外后,外开变顺缠屈肘上翻,与右手配合管住敌人右肘反关节。里合至左耳侧。即双手先拿住敌人右臂,以观其变。(图 440~442)

图 440

图441　　　　　　　　图442

**动作二、三：**

设敌人看我已转过身来,偷袭不能成功,反而右臂被我拿住,不得劲,欲向其左后撤退。此时,我不放过敌人。调整一下步法,以

图443

右脚为轴,左腿与我双手相配合,形成下扫上捌,左脚略用里合劲,擦地随身旋转450°,以左小腿和左脚里侧向敌人胫骨下端扫去。(图443～445)

图444

图445

## 第五十式 掩手肱锤

用法同前,略。(图446～454)

图 446

图 447　　　　　　图 448

图 449

图 450

图 451

图 452

图 453

图 454

## 第五十一式 左 冲

**总述：**

左冲、右冲，实际上是一个拳式、两个击打角度。为此，有两次调整方位，两次发劲。每调整一次角度，都是双拳（及前臂）自上而下发砸击力；然后，再向下向里引进蓄劲，双拳再发一次向前偏上的冲击劲。前者自上而下击敌头部，后者双拳冲击敌胸部、腹部，如对方低头，也可以冲击其面部。所谓左、右之分，即在于右脚在前，冲击方位偏左，即谓左冲；调整步法后，左脚在前，击打方位偏右，即为右冲。左冲、右冲两次，作单式锻炼，有利于体验丹田内转与动作相配合的规律。

**动作一：**

接掩手肱锤，设敌人由我前方提左脚向我腹部裆内踢来。我即乘势身先略向左转略上升，再向右转约90°下沉，左拳由左肋先逆缠与右拳向左前里折腕掤出（这是欲下先上，欲后先前之意）再变双顺缠施采劲下沉向敌人左腿下部胫骨采击。（图455、456）

图455

图 456

**动作二：**

接上动作,敌人踢来之左脚被我采击后,敌又出右拳向我打来。我即调整角度。双脚腾空由左前右后调整为右前左后,双脚下沉震脚发劲。同时双拳先以双逆缠折腕略向左前上旋转再以双顺缠向右下沉,继续向右侧后以左逆右顺缠抡臂旋转再向前经头右侧上向左前下敌人头顶面部施采劲劈去。（图 457）

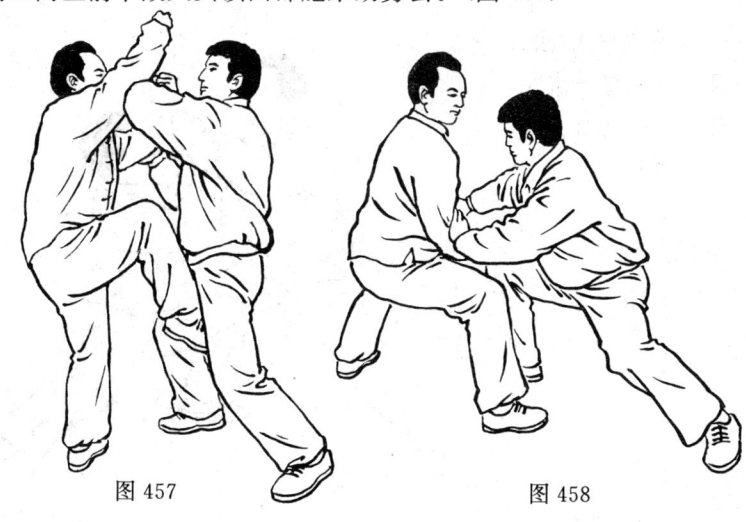

图 457　　　　　　　　　图 458

动作三：

接上动作，设敌人头部或面部被我双拳采劲击中失势，如我还不想放过敌人，即乘机身先略向右转略上升，再向左转约90°下沉，再向右转约90°上升，右脚与左脚同时向前蹉步发劲，同时双拳走一个先上掤，再里下沉再外上发的下弧线，即先以双逆缠里折腕略向右前

图 459

上引劲，再向腹前双顺缠下沉，再以双逆缠向右前上之敌胸部合力出击。（图 458、459）

## 第五十二式 右 冲

同前式用法，只是再调整一次左右方位，略。（图460~462）

图 460

图 461

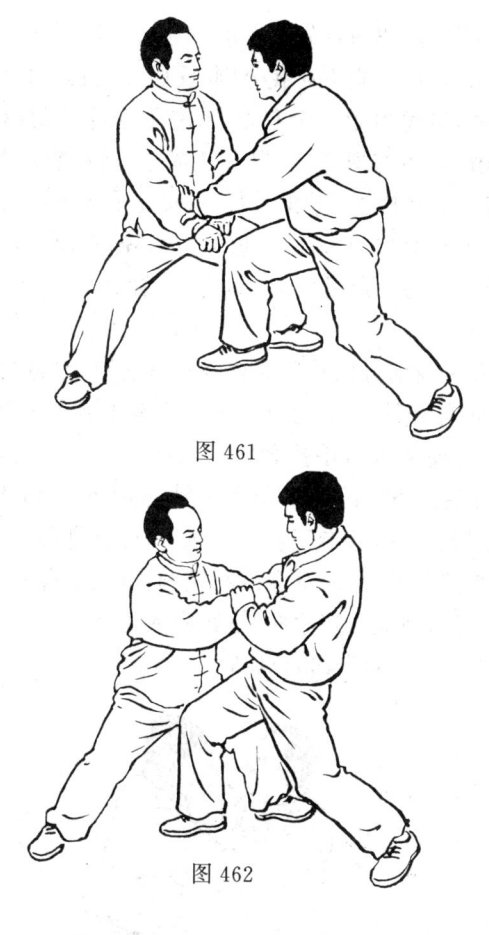

图 462

## 第五十三式  倒　　插

**总述：**

倒插一式，系双臂一开一合（绞截合），最后在合中发劲，或合中解脱。以发合劲为主。接右冲，当我双拳冲击对方胸部时，两臂被敌人抓住，我采取边解脱边进击的方法，在进击中求解脱，解脱之中加进击。这又一次体现了太极拳化打统一的技击特征。当敌人抓住我双臂时,我两臂先一左前一右后上地捌开,把敌人双手的抓力分开,敌人很可能不让我分捌,反而加大其合力。于是我迅速借他的合劲,迅速再走一个左上击、右下插的合劲,右拳迅速向敌人胸前插击,并用右肩靠之,提右膝撞之,插右脚踩踢之,同时,左手向我右前上引进敌人抓我之右手,我左手合于右肩前,还可以配合右肩靠,击打对方的头部。这样,忽而开,忽而合,双手形成绞截之劲,使敌人失势。此乃"人不知我,我独知人"者也。

**动作一:**

设敌人在我前方以双手抓住我双臂肘腕,欲将我向后推出。我即乘势身向右转约45°略上升,同时双拳由胸前分向左前及右侧后捌开引进,使敌人双手按劲落空,身前倾失势,我即乘势身向右微转再向左转约90°下沉,左脚跟为轴,脚尖外转约90°落地。右腿提脚向右前上步,提膝击其裆、胯,然后,虚步脚尖点地或用右脚向敌人下盘膝部踩击。同时双拳以双逆缠,以左拳臂肘上掤截敌人右手腕,右拳臂肘截敌人左手腕,视距敌人远近而定。近以右肘或肩靠向敌胸部出击。(图463～465)

图463

图 464　　　　　图 465

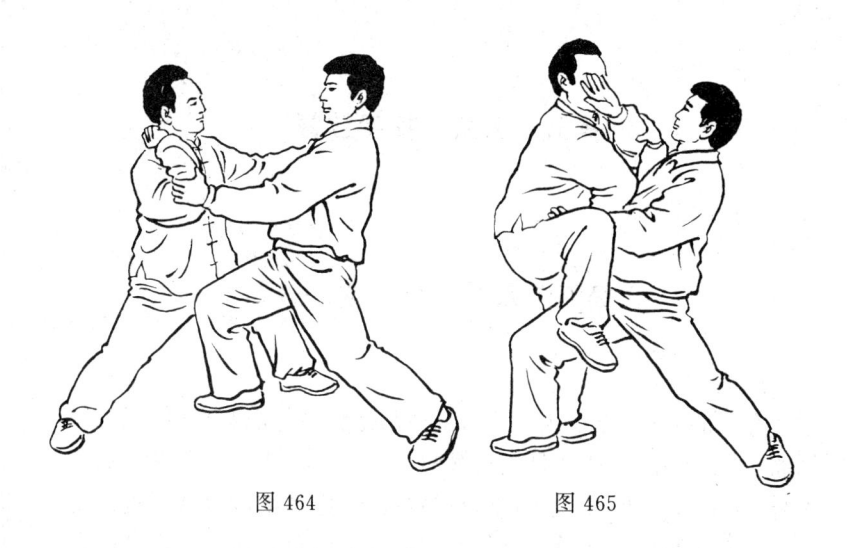

## 第五十四式　海底翻花

用法同前(图 466)。

图 466

## 第五十五式　掩手肱锤

用法同前,略。

## 第五十六式　夺二肱(一)

**总述**:

夺二肱(一)、夺二肱(二)与倒插都是解脱与击发并用的拳式。倒插,系上下开合,此式是左右横向开合。同时,此式还体现开是为了合,合是为了开;开,也是化,也是打;合,也是化,也是打。充分显示出太极拳阴阳交济、阴阳互根、阴阳互用哲理之妙用。此式接掩手肱锤,设右侧背后有敌人进攻,或双手按,或双手搂抱我腰部,我先走开劲,双臂右上左下捌开,分化敌人的合力。然后,猛然向后转体,三处同时击发:①右臂肘向右后用捌、采劲先上掤后下采劲,击打敌右侧头部、肩部、胸部;②右脚后扫,扫击敌人前腿;③我左拳自左下而右上里兜,兜击敌人裆部、腹部或胸部。三个点合击,使敌人防不胜防。然后,再向右侧,走两个开合,用法与上述类似,只是前者向身后回击,以下动作,是自左而右横步进击。皆为右拳上掤再里下合,左拳下沉再里上合,双拳双臂一开一合,一化一打。右化左打,下盘配合提膝撞击敌裆部,震脚跺踩敌脚,上下配合,又是一个三点合击,体现太极拳整体劲之厉害,也说明了平时练拳能做到"一动无有不动""周身一家劲要整"之锻炼要领的重要性。

**动作一**:

接掩手肱锤,设敌人由我身后进左步欲用双掌施按劲向我背后袭来,或从身后搂腰欲将我摔出,我即乘势身先略向左转,左腿先顺缠,右腿逆缠里转(当左脚里转变实后),脚跟提起,脚尖擦地向右后外敌人脚腕扫击。同时右拳由右肩前先逆缠上掤,再顺缠里合至左肘弯上,左拳逆缠里转向左外胯下沉划外弧变顺缠里合向

右侧前敌人右膝及裆部兜击。这样既可解脱敌人的进攻又可以右腿与左拳向敌人反击。(图 467～469)

图 467　　　　　图 468

图 469　　　　　图 470

**动作二：**

设如上动作敌人左腿后退一步避开,并欲变招胜我。我即乘势快速先略向右转略上升再向左转下沉,右腿先顺缠屈膝上提右脚再逆缠下沉,向敌人右脚面跺击。同时右拳在左肘弯上粘连先逆后顺缠先略上升再下沉,走一个小圈,一掤一引,右拳在右侧先略逆缠略上升,再顺缠与左肘及拳同时下沉。这即是蓄势,又可用右脚跺敌脚面。(图470)

**动作三:**

接上动作,设我以右脚向敌人右脚面跺时,敌人退右步避开。我即乘势身快速先略向右转、略上升,再向左转下沉,右腿先顺缠屈膝提脚,再逆缠向右侧前敌人裆内进步。左腿先逆缠里转变顺缠(当右脚变实后),脚跟提起,脚尖擦地蹉步跟进,以脚跟发劲,同时右拳由左肘弯上先略顺缠再逆缠,由肘弯侧下沉经左拳下向敌人腹部、肋部击去。同时左拳由右侧先略顺缠经右拳上相错收到腹前。这可掩护右拳出击,又可收回合于腹前而形成对称劲,稳定身体平衡。(图471、472)

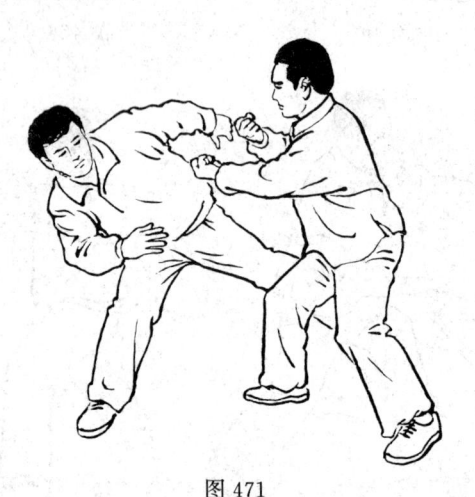

图471

此处须注意右拳发劲时,不只是拳发劲,而是以右前臂发横捯劲。近身还有个右肩靠劲。所谓"夺二肱",就是两次都发上臂、前臂之横击劲。

图 472

## 第五十七式　夺二肱(二)

**总述：**

此式是上式夺二肱的重复动作。但读者应注意此式之不同之处，即当上左步时，提起左腿时，先走一个向左后蹬劲，即一般拳术中之蹶子脚，又称左外摆脚。同时，左拳也走一个向左后外开劲。此动作有两个含义。一是为打前面而先防后、击后；二是欲前先后的蓄劲。其他动作皆同上式。

**动作一：**

设敌人由我右前方进右步以右拳向我头部、胸部击来。我即乘势身快速先略向左转、略上升，再向右转约 90°下沉，重心左、右移换。左腿先逆缠向左侧后外开，再变顺缠向右侧前之敌右膝下腓骨踩去，如距敌人稍远，则作为进步落地变实。右腿先顺缠外转（当左脚击敌或进步变实后），脚跟提起，震脚，发劲，同时右臂拳向右侧前上外掤开敌双臂拳，将敌双臂拳掤出，变顺缠合于左肘弯上。同时左拳由腹前向左侧后逆缠外开（这是欲前先后之意），乘机变顺

缠经腹前向右上敌人中下盘兜击(图473、474)

图473

图474　　　　　　图475

**动作二:**
接上动作,敌人如退步避开我左拳及左脚向其进攻之势,我即乘势再进右步。以右拳向敌人腹部击出(同上式动作三)。(图475)

## 第五十八式　连 珠 炮

**总述：**

此式系快速冲拳的锻炼方式。双拳向敌人头部、胸部,交替而连续地快速进击。以"迅雷不及掩耳"之势快收快打。但它不同于其他武术中之冲拳,也不同于拳击之直拳。其特点是螺旋式的进击,螺旋式的收回。不仅拳、臂自身旋转,而且双拳、双臂相互缠绕绞发和绞收。这种用法,可以做边进击边掤化,边冲击、边回挂。可以避开敌人的顶架劲,灵活螺旋进击。其太极劲的特色非常明显而巧妙。

此式三个动作,连起来是快速向敌人胸前进攻,注意冲左拳时胸向右,重心偏左;出右拳时则胸向左转,重心偏右。通过胸腰运化,将全身劲力集中到进攻之拳和臂上。(图476～479)

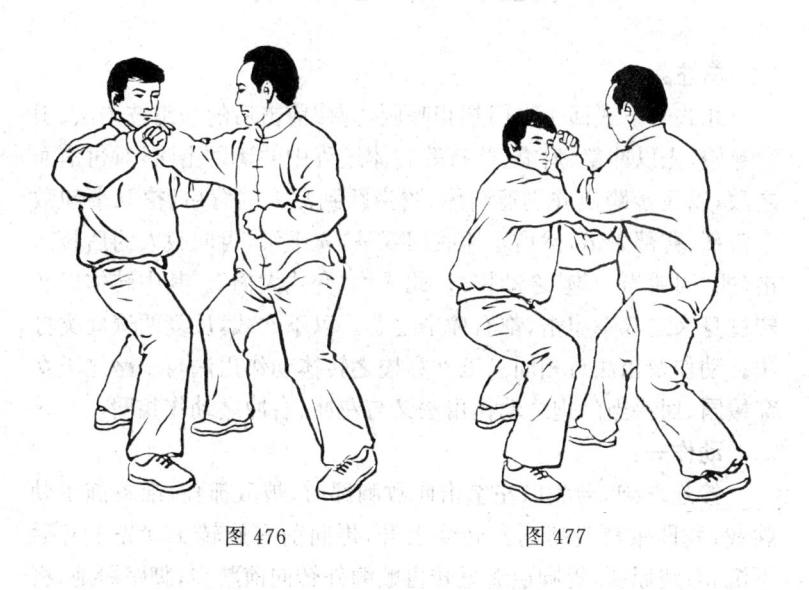

图476　　　　　　　图477

图478　　　　　　　图479

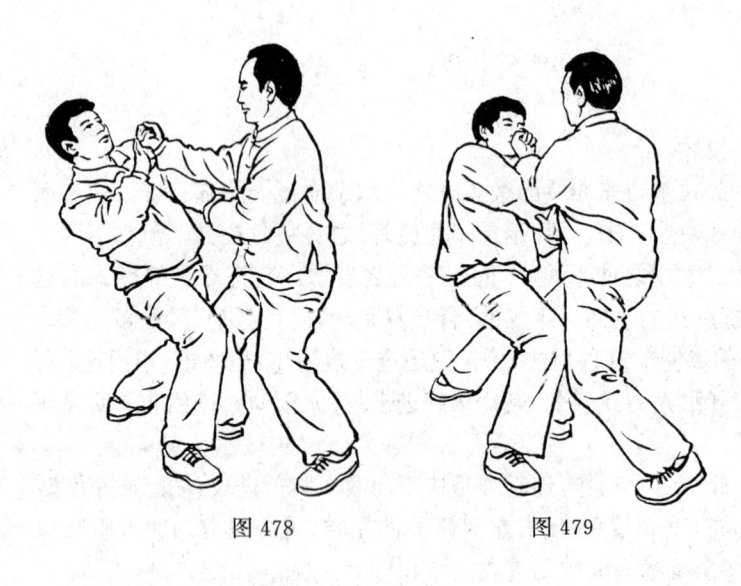

## 第五十九式　玉女穿梭

**总述：**

此式与下式回头当门炮相呼应，为冲前击后的一组技击法。玉女穿梭，先以冲拳、肩靠、胯打等转体过程中的诸种击法，对付前面之敌，以飞步跨出并迅速转体，腾空跃到敌人的背后，抡双拳向敌人头部、背部采击，然后迅速收回双拳，先下沉，再向敌人的后腰猛击（即"回头当门炮"之动作）。此式称"变式大撞"。其中转体以及转过身来之双拳出击，都有撞击之意。以下之式，反复两遍此类打法。动作及用法皆相同。玉女穿梭之转体动作用法与一路之玉女穿梭同；回头当门炮之动作用法又与左冲、右冲之动作相同。

**动作一：**

接连珠炮，当我以左拳击向敌胸部时，被敌抓住，准备施采劲胜我，我即乘势身略向左转略上升，再向前右旋转180°先上升后下沉，右腿屈膝，提脚逆缠里转再顺缠外转向前踏步，脚跟蹬地，将身腾空跃起随身旋转180°后落地,脚踏实;左腿先顺缠,再随右脚踏地,身腾空逆缠旋转180°后着地。同时左拳先略顺缠略屈再向前逆缠领劲前冲,跃步旋转变顺缠下沉。同时右拳先逆缠略向前冲击再顺缠屈肘收回下沉。另外,也含有脱出敌人包围之法,即突围之法。(图480、481)

图480　　　　　　　图481

## 第六十式　回头当门炮

设我上式跃步旋转跳出,并以背靠击敌人,然后,跳到敌人的背后,先用双拳采出,再向其后腰猛击。或当我跳出重围时,有另一敌人乘势跟进,欲以右拳偷袭我背后取胜。我即转身下沉,身快速先略向左转再向右转下沉,向前蹉步发劲。同时双拳先双逆缠(欲下先上,欲后先前之意),向左前上折腕再双顺缠下沉截击敌人右拳,将敌人右拳采下,并乘势变双逆缠向敌人胸部击出(发劲同左右冲)。(图482)

图 482

## 第六十一式  玉女穿梭

此式与五十九式玉女穿梭用法相同,惟第一动作不同。前者冲左拳,向右转体;此式冲右拳,向左转体。下式回头当门炮,则与其前式完全相同。

**动作一**:

是蓄势,欲前先后之意。(图 483)

**动作二**:

设我被敌人包围,

图 483

这时就需要利用突围法,在向前面敌人进攻的同时,脱出敌人的围攻。我身向左转约180°先上升后下沉,右脚、左脚蹬地跃步,随身旋转后下沉。同时我右拳以逆缠向前面敌人头部或胸部击出,并乘势可用背靠、胯打以攻击敌人,当转身下沉时,双拳同时以双顺缠向前下沉,以维持身体平衡。同时也是为下式双拳冲击敌人后腰做准备。(图484、485)

图484

图485

## 第六十二式　回头当门炮

动作、用法均同第六十式。略。

## 第六十三式 撇 身 锤

此式用法与前撇身锤相同。惟连接动作有一个垫步左转体。同时，两臂右上左下一开一合，为发撇锤作准备。其技击含义是，刚用双拳击打右侧敌人，左后侧另有敌人进攻，抓推我左肩臂，或以右拳进击，我于是迅速左臂下沉引进，右臂上翻里合以迎击敌人打来之右拳，并反拿敌右腕，以备左臂伸入敌腋下，自右下而左上地挑击其右上臂。（图486、487）

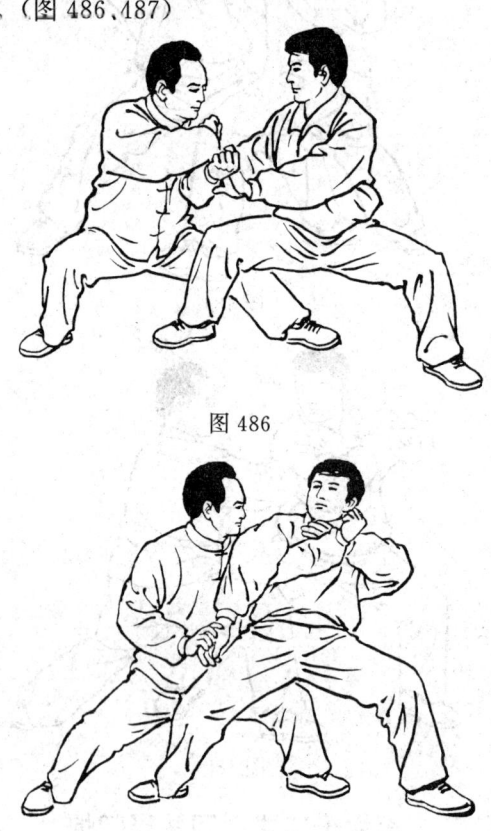

图 486

图 487

## 第六十四式 拗弯肘

**总述：**

此式及以下顺弯肘、穿心肘，三式皆为肘法锻炼。陈式太极拳运用肘法、膝法甚多。肘法，在实战中是很强的一种技击法。拳论中云："远使手，近使肘，贴身靠打情不留，"又云："拳轻，掌重，肘要命。""宁挨十手，不挨一肘。""肘打四方人难防，手肘齐发人难挡。"等等。都说明肘在实战中的威力及其重要意义。陈式太极拳的肘法十分丰富。如金刚捣碓中的横肘、迎门肘；六封四闭和井缆直入中的挑肘、夹肘；退步压肘中的采肘（即沉肘）；闪通背中的砸肘、磨盘肘，等等。此式及以下两式，又介绍了三种肘法。读者还要仔细体会此三式中皆含"先膝后肘"之术。

拗弯肘一式，包含两种肘法。动作一至动作三，左手与右肘合击，用的是腰拦肘，即里合横击肘，动作四、五，先掤后发肘劲，是向右侧发的平顶肘。第二段发平顶肘之前，双手先上掤时（欲下先上）要注意提右膝，形成上掤下撞膝的用法。出右步为插裆，插裆越深，发肘劲越有力。

**动作一：**

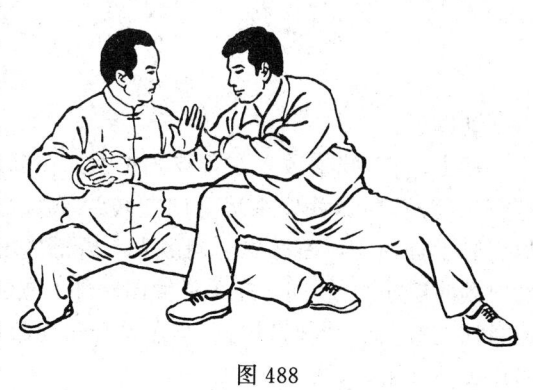

接撇身锤，设敌人在我左侧前，以右掌管我左肘，左手管我左手腕，欲将我左臂用按劲压扁，而向身右后方推出跌倒，我即乘势先快速略左转略上升，再向右转约90°下沉。同时

图488

左拳先逆缠略向左外上扬（使敌人判断错误，这是欲下先上之意），再顺缠里合下沉至两膝前下，使敌人按劲落空，身前倾失势。同时右拳由右腿外侧先顺缠变逆缠向右膝外侧配合引进。（图488）

**动作二：**

接上动作，设敌人按劲落空前倾失势，我即乘势快速向左转约150°，左腿先以脚跟为轴，脚尖略上翘，向左外转约近180°着地，右腿先顺后逆缠。同时左拳由两膝前变掌先向左外上由敌人左肘臂外侧将敌人左手腕捋住掤起。同时右拳由右膝外侧里合上翻由逆变顺缠叉在右肋旁，准备向敌人进攻。（图489）

图489

**动作三：**

接上动作，我乘敌人左臂被我左手抓住掤起，身向右转，左后腰露出空隙之机，我即乘势身向左转约90°，先上升后略下沉，右腿屈膝上提逆缠以右膝里合向敌人左臀部撞击，再下沉震脚加强发肘劲的爆发力量。同时左手逆缠向左外上领敌人左臂，使敌人被迫身体左倾失势；同时以右肘与左手合击向敌人左后腰或向其左肘反关节横击。（图490、491）

266

图 490

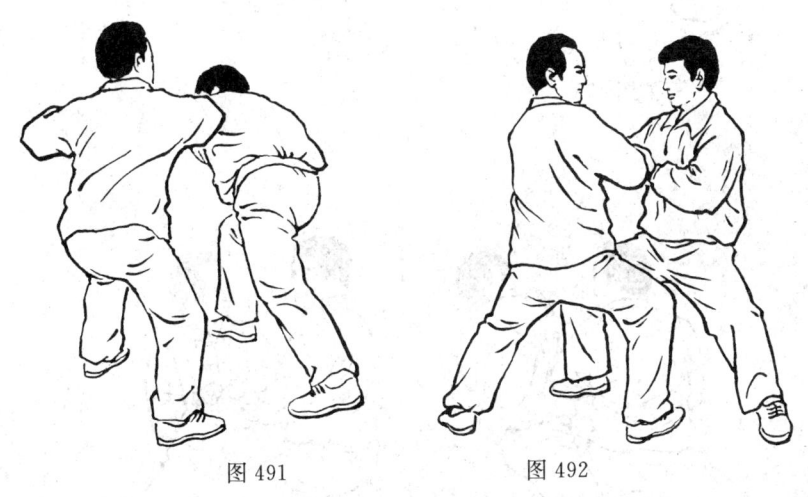

图 491　　　图 492

**动作四：**

设另一敌人在我右侧前,用双手按住我右臂肘,准备施按劲将我向左后方推出。我即乘势身向左转约 90°上升,重心在左。右腿逆缠屈膝上提,可撞击敌裆部、腹部。同时左手合于右肘处,以双逆缠向左上将敌人双手肘臂掤起,使敌人胸前露出空间,以备进攻。

(图 492、493)

图 493

图 494

图 495

图 496

**动作五：**

接上动作,设我以右臂肘将敌人双臂肘手掤起,敌人胸部露出空间。我即乘势身先向左转45°下沉再向右转45°略上升,右腿逆缠里转向右侧敌人裆内插进,以脚跟发劲,再贴进敌身。左脚跟提起,脚尖擦地跟进半步,以脚跟顿地发劲,同时左手合在右肘处先向左下沉,以双顺缠再向右侧以右肘向敌人胸、腹、肋等部合力顶击。(图494~496)

## 第六十五式 顺弯肘

**总述：**

此式掤化与发劲和上式动作四五略同。不同之处,在于肘尖击打的方位不同。前者是向右侧发平顶肘劲;此式是双肘向左侧偏后、右侧偏后发劲,故又称后顶肘,以对付身后或右侧搂抱我的敌人,如以对付右侧敌人为主,左肘则为称劲,以维护重心平衡。

**具体分解：**

图497　　　　　　　图498

接上式,设敌人在身右后侧,右脚在前,左脚在后,以双手拿我右肩肘,欲扭拿我右臂反关节,或双手将我搂抱施摔法。我乘势,双臂向左上掤起,向上引化敌人按劲或环抱之劲,身下沉,提右腿,既可以膝击其裆,又可踩蹬其右腿,或插入其裆,以备进肘。此时,敌人胸腹部已暴露,我上掤之劲突然下沉,以右肘尖向右侧偏后猛击敌胸、腹、肋部。左肘与右肘对称发劲击敌,或与右肘劲相称。(图497～500)

图 499　　　　　图 500

此种肘法亦称"霸王肘"。练法:仰卧,两肘与足踵拄地,撑体上升,再放平,再撑,以练肘力。

## 第六十六式　穿 心 肘

此式与前式大致相同。惟肘尖发力的角度不同。多为低势对付高式。此式系身下沉,左手与右肘合力,自偏下而偏上向敌人胸口部击出。故称"穿心肘"。(图501～504)

图 501

图 502

图 503

图 504

以上三个肘劲,都系短兵相接时的用法,要求速战速决,要连珠炮式的连发肘劲。后脚跟步震脚(或顿步)要同时完成,形同弓弦脱扣,发得要脆,劲力要整。

## 第六十七式 窝里炮

**总述**:

此式在技击法中有两个含义,一是类似撇身锤,前者左臂向左前发撇击劲,此式则是以右臂(包括肘、拳)向右前发撇击劲。二是一种兜击法(又称拐肘)。即我左手接拿敌人右手腕将其引直,而右臂悄悄沉到敌右臂肘关节下方,以右前臂里上合,向右上兜,左手配合向左前下捌,形成反折力。猛兜力大时可将敌右臂兜断。故不可轻试。如我遇到敌人采用此法时,如何解脱?最好的方法,还是太极拳的松沉劲。全身放松、坠肘,走身法,走肩靠或胸靠法。即可迎刃而解。且可以变被动为主动,变劣势为优势。

**动作一**:

第一种用法:接穿心肘,设敌人由我右前方进右步、提左脚向我右外胯或腹部蹬击或踢来,我即乘势身快速先向右转(欲下先上)略上升再向左转下沉再上升,左脚跟提起向左侧退一大步,右腿(当左脚变实后)也退后一步,虚步脚尖点地。同时左掌变拳与右拳以双逆缠先向右前上旋转(欲左先右),再变双顺缠里合下沉,施采劲向敌左腿膝前胫骨采击。

第二种用法:或敌人以右拳向我右胸击来,我双手走引化,撤步以配合上肢引进。(图505、506)

**动作二**:

第一种用法:接上动作,设敌人见我双臂拳下沉以采劲向其左腿迎面骨击来,左脚乘机下沉着地躲过,准备变招取胜。我即乘势身快速先略向左转略下沉再向右转略上升,右脚逆缠里合提起再顺缠向右侧上一大步,将敌左腿套住,左脚跟提起,脚尖擦地,向右侧跟进半步。右拳由腹前向敌人胸、腹施捯劲击出。左拳以肘尖略下沉外开,以保持身体平衡。

图505　　　　　　图506

图507　　　　　　图508

第二种用法：我双手将敌人右臂引进，我左手拿其右腕，引直其臂，右拳沉入其右手臂下方，右拳再向右外上走挒劲，用挎肘(即兜法)，右腿配合套住其左腿，将敌人兜摔(挎摔出去)。(图507、508)

## 第六十八式　井缆直入

此式用法与第一个井缆直入式相同。惟其连接处略有不同。
**动作一：**
接窝里炮，当我右拳向右外上撇击(或兜击)敌人时，右侧另一敌人将我右手抓住，或用右拳向我肋部击来，欲将我右肋部击伤制胜，我即乘势身先快速向左转再向右转，右脚跟为轴，脚尖外转约80°着地，同时右拳由先逆变掌里合，再向右外上变顺缠从敌人右臂外绕一小圈将敌人右手腕抓住，以备变招制胜。同时左拳贴左肋略下粘连先逆后顺缠旋转，准备进攻。(图509)
**动作二：**
接上动作，敌人右手腕被我右手抓住，我不等敌人变招，乘势顺缠里合上翻将敌人右手腕缠拿拧住至左腋下，使敌右臂被缠反转受制。同时我身向右转，左拳变掌逆缠由胸、腹中线先上提，翻到敌人右肘上再下沉施采劲，一方面采其右肘反关节，一方面向敌胸腹等部插

图509

击，同时左腿逆缠屈膝，脚膝提起向敌右胯、膝等部施以采击，这样

手脚上下同时向敌人击出，使敌人难于防护，从而制胜。（图510、511）

图510　　　　　　　图511

## 第六十九式　风扫梅花

图512～515。

图512　　　　　　　图513

图 514　　　　　图 515

## 第七十式　金刚捣碓

图 516～518。

图 516　　　　　图 517

276

图 518

## 第七十一式 收　　势

以上三式均同前,故略。

（一九九三年三月二十八日
　　于萧山完稿）

# 编后记

第一次全面总结、系统阐发陈氏世代积累的太极拳拳理拳法的陈鑫公，在其所著《陈氏太极拳图说》的自序中，有一段感人肺腑的话：

> "愚今者，年逾七旬，衰惫日甚。既恐时序迁流，迫不及待；又恐分门别户，失兹真传。不得已，于课读余暇，急力显微阐幽，以明先人教授。精粗悉陈，不敢自秘。自光绪戊申，以至民国庚申，十有三年，而后书始成。又强振精神，急书于简，虽六月盛暑，不敢懈也。……"

一位对祖国文化遗产、对先人太极拳事业，抱以极其忠诚负责态度的传人，其崇高精神跃然纸上，令人肃然起敬。所以，我们这些热爱陈式太极拳的晚辈，不仅要继承陈氏拳术珍品，而且要继承前辈对祖国传统文化高度负责的高贵品质，忠诚地继承它、刻苦地研究它、热心地传播它，以造福人类。笔者虽然一不姓陈，二没有深厚的功夫，但毕竟有缘跟随陈式太极拳一代宗师陈照奎先生前后达八年之久，多少获得一点真传。就是这一点点，即使它是祖国传统文化宝库中的几粒小小的珍珠，也"不敢自秘"。由于先师过早地离开了我们，自己总感到像吃饱了桑叶总要吐丝的春蚕一样，有将先师的真传传下去的一种强烈使命感。因此，自1981年先师辞世之后，15年来，我即集中全副精力和心血，精心整理先师授拳的记录和个人练拳几十年的体悟，先后整理出版了《陈氏太极拳体用全书》（拳谱）、《陈氏太极拳拳理阐微》（拳理）和这部《陈式太极拳技击法》（拳法），并且先后录制了五部《陈氏太极拳教学系列录像片》。此时，心中才稍有如释重负的轻松之感。

在此书的编辑出版过程中,丁同、王爱国等同志都给我以热情的帮助,在此,我谨向以上诸位一并致以衷心的谢意!

作者

一九九六年五月七日

# 陈式太极拳函授教材系列

《陈氏太极拳体用图解》(拳谱)        陈照奎 讲授
       马 虹 整理

《陈氏太极拳技击法》(拳法)        马 虹 编著
《陈氏太极拳拳理阐微》(拳理)        马 虹 著
《陈氏太极拳函授通讯》(辅导资料)        马 虹 主编
《陈氏太极拳拳照图谱》(彩色系列拳照集)
《陈氏太极拳及其技击法》(VCD 光碟十集)
《推手技巧及功力训练》(VCD 光碟)
（以上教材，均由马虹先生讲授演示）

\* 上列函授教材供应办法，可与马虹先生直接联系。联系地址：河北省石家庄市健康路广安小区 18-2-402 室
邮编：05001    电话：(0311) 86691617